中国社会科学院创新工程学术出版资助项目

李周

张海鹏 孙若梅

著

RESEARCH ON

AGRICULTURAL SUPPLY-SIDE STRUCTURAL REFORM

农业供给侧结构性改革研究

社会科学文献出版社
SOCIAL SCIENCES ACADEMIC PRESS (CHINA)

农业供给侧结构性改革研究

课题组

课题主持人

李　周　中国社会科学院农村发展研究所研究员

课题组成员

李　周　中国社会科学院农村发展研究所研究员

孙若梅　中国社会科学院农村发展研究所研究员

张海鹏　中国社会科学院农村发展研究所副研究员

刘子飞　中国水产科学研究院助理研究员

赵海兰　国家林业局经济发展研究中心助理研究员

赵学娇　中国社会科学院研究生院博士研究生

目　录

第一章 经济理论与政策研究的进展

发达国家最近几百年的经济运行先后出现了短缺、过剩、滞胀三个特征。我国在几十年的时间里走完了发达国家几百年的路。与此相对应，我国目前的经济运行出现了短缺、过剩和滞胀三种表象并存的特征。经济理论与政策研究实际上是围绕着这三个问题的顺序展开的。基于这种认识，本章按照这个逻辑对不同时期的经济学理论和政策做一个简略的梳理。

一 问题导向的经济学研究

（一）消除供给短缺的经济学研究

马尔萨斯关于生活必需品的增长赶不上人口增长的概括是对人类社会处于短缺状态的最为简略的勾勒。从人类的消费水平看，自亚当·斯密开创经济学理论至 20 世纪初，人类社会尚处在物资短缺时期。这个时期的主流经济学理论拟解决的主要问题是如何促进经济增长、增加供给以满足市场需求。由于物资处于短缺状态，供给不足是常态，经济主体生产的产品基本都能被市场接受，经济学家主要关注的是如何增加供给。亚当·斯密、大卫·李嘉图、弗朗索瓦·魁奈等都把如何弥补供给不足作为经济学要解决的中心问题，并提出了经济理性人、分工理论、竞争理论和国际贸易理论等相关经济理论。大卫·李嘉图的相对成本理论实际上是在物资短缺时代提高生产效率和增加社会供给的理论。让·巴蒂斯特·萨伊的萨伊定律更是对短缺时代经济现象的诠释。

简言之，短缺时代的经济学研究围绕着增加产品供给、提高供给效率这个主题展开，学者们从增加供给的角度出发，运用他们提出的理性论、分工论、竞争论来阐述经济增长的动力和来源。

1. 理性论

所谓理性（Rationality）是指人能在特定的外部边界条件下，根据自己掌握的知识、技能、经验和信息，找到与收入最大化或效用最大化相对应的边际最优解。

按照理性的定义，改善边际最优解可以从两个方面入手：一是改善外部边界条件，二是进行人力资本投资。经济改革和制度、组织、技术创新是从改善外部边界条件入手，使人的理性得到更为充分的释放；教育和培训则是从增加人的知识、技能、经验和信息入手，使人的理性得到更为充分的释放。

理性论认为，生产（供给）者和消费（需求）者具有自利性，他们以追求收入或效用最大化为目标，将生产可能性尽可能地发挥出来，并尽可能地满足自己的消费需求。这种追求收入或效用最大化的自利性，会使生产处于最充分的状态，会使消费处于最合理的状态。理性论的提出为短缺时代的经济增长提供了一种有力的解释，并经受了历史检验，成为绝大多数经济学理论最重要的、最基本的前提和假设。出于追求收入（或利润、效用）最大化的自利性，劳动力会根据工资价格高低增减劳动力供给量和调整劳动力供给方向，企业会根据产品价格与劳动力等生产要素价格比较，调整各种要素的投入量和产品的数量，从而实现包括劳动力充分就业的生产要素的最优配置，达到供给最大化。所以，经济主体的理性是实现社会供给最大化目标的动力和来源。

让尽可能多的人凭借理性做选择，是让他们的理性充分发挥的基本手段。历史上的原始公社解体、当今中国的农业分户经营、企业划小核算单位，都是为了让更多的人能更充分地按照他们的理性做事，这也是这些做法都能取得实效的重要原因。

2. 分工论

分工（Division of Labour）是指劳动者都从事特定的工作，以提高熟练程度，减少作业转换的时间损耗，从而提高生产效率和增加供给水平。分工包括基于行业分工的工作专业化（农业由种植养殖一体到种植养殖分工，种植业由各种作物一体到各种作物分工，养殖业从各种养殖一体到各种养殖分工）、基于作业分工的工序专业化（由每个人承担所有作业环节到各个环节分工）和基于地区分工的区域专业化（由各地区都混种到水稻带、小麦带、玉米带的形成）三个方面。劳动者之间的交换会随着分工程度的提高而增多。因此，要从完善市场体系、交通体系等方面入手，尽可能地降低由分工衍生出来的交易费用，以提高分工的有效性。

斯密认为，增加财富的条件和途径主要有提高劳动生产率和增加劳动力人数两种，并按照提高劳动效率是增加产品供给的基本举措、劳动分工是提高劳动效率的基本举措的逻辑，提出了专业化最为有效的分工论。他举的一个例子是：一个人完成所有的制针工序，一天做不了几根针；如果几个人合作分工，就会因工序转换时间的减少、特定技能熟练程度的提高和有利于技术改进三个方面提高劳动效率，平均每天可以做几千根针，产出和供给就大大增多了。分工的根本原因是人们互通有无、互相交易的自利倾向，劳动者的生产技能越单一，社会上需要进行的劳动交换就越多，以至于交换成为一些劳动者的专门技能。这样的分工显然会促进总供给的增加和财富的积累。为了降低流通费用，斯密提倡发展陆运和水运，以充分借助自然力的作用。在斯密专业化思想的基础上，李嘉图根据比较成本学说提出了国际分工论。所谓国际分工论就是各国都应按照"有利取重""不利取轻"的原则生产那些相对成本较低的商品，通过贸易用本国生产的商品换取本国需要而由他国生产的商品，就都可以从中获得好处。比较成本学说的经济实质是，各地区都生产相对成本较低的产品并进行交换，就都可以以较少的劳动量交换到自己需投入更多劳动量方能生产出来的产品，就都获得了更多的使用价值。

简言之，分工论的完整含义是，劳动者、企业和国家进行职业分工、工序分工和地区分工，完善契约制度和构建能最有效地借助自然力的交通运输体系，最大限度地降低交易成本，可以增加总供给和促进社会财富增长。这些观点也是我们现在倡导农民职业化、作业专业化、贸易国际化和充分利用国内外两个市场、两种资源的作用的理论依据。

3. 竞争论

竞争（Competition）是指参与竞争的个人或群体按照公平竞争和优胜劣汰的规则争夺有限的机会或市场份额，实现个人和群体利益的最大化，从而达到经济增长的最有效和社会总供给的最大化。

经济竞争是社会竞争而不是自然竞争，政府没有能力化解机会的稀缺，但有能力保障争取机会的公平，这是我们强调公平竞争的主要理由。

竞争作用的发挥同样需要条件，其中最重要的条件是营造公平竞争的环境。地方政府可以从改善公共设施入手为辖区内所有企业提供支持，但不能采取扶持辖区内特定企业的举措。企业不能以降低产品内在质量和成本外部化等方式破坏公平竞争的规则，使自己在竞争中处于有利地位。所以，颁布产品内在质量和环境的标准、严格查处企业破坏公平竞争规则的行为、维护公平竞争秩序，是各级政府必须承担的责任。

竞争论认为，竞争是最好的激励机制。它的基本逻辑是，用内生的员工竞争、企业竞争、集群竞争挖掘市场主体的潜力和积极性，能最有效地提高供给效率和增加供给。（1）员工竞争。企业可以通过奖罚和优胜劣汰来激励员工的工作积极性，提高企业生产效率，形成企业竞争优势。（2）企业竞争。外部压力会激励企业通过扩大生产规模来获得内部规模经济效益，降低分摊到产品中的引进技术、财务管理、风险承担、研发等成本，形成竞争优势。（3）集群竞争。大企业大多以形成内部规模经济效益的方式提升竞争力，广大中小型企业主要以空间集聚形成并分享外部规模经济效益的方式提升竞争力。不同的企业集群之间的竞争拓宽了企业提高竞争力的途径，这种新的竞争方式同样有助于提高供给的效率。

（二）刺激有效需求的经济学研究

短缺时期的主流经济学认为，供给最大化是借助于人的自利性、劳动者分工、劳动者之间和企业之间的竞争实现的。政府的职责是制定规则（法律法规），并惩治违规和违法者，确保所有人都按规则行事，所以用"守夜人"来比喻政府的职能是非常贴切的。主流经济学家认为，短缺时期的产品供大于求是短暂的现象，没有必要将其作为一个重大问题来研究。然而，随着生产效率的提高和产品供给的增加，人类社会进入到生活资料相对丰富的阶段，以供过于求为主要特征的经济危机呈现出发生的频率加快、过剩的程度加深、覆盖的范围加大的趋势。到了20世纪30年代，供过于求成为常态，产品滞销、工厂倒闭等现象层出不穷，芝加哥、底特律等大城市里的工人失业率高达80%。由于旨在解决短缺问题的经济理论无法应对全球性的"大萧条"，客观上需要经济学家进行理论创新。在这一轮理论创新中最为成功的是凯恩斯。

凯恩斯认为，工厂倒闭和工人失业的主要原因是有效需求不足，解决这两个问题的关键举措是增加有效需求。他的宏观经济理论建立在刺激有效需求的基础上。凯恩斯认为，在产品丰裕的社会中，总产出和就业水平是由有效需求决定的。有效需求是经济增长的源泉，经济增长取决于有效需求的增长。"大萧条"的根源是有效需求不足。有效需求不足是由资本边际效率递减、边际消费倾向递减和货币流动性偏好三个基本因素造成的。其中，资本边际效率递减是指增加投资的收益增量越过最初递增阶段后的递减，会削弱企业家的投资兴趣，造成投资需求不足。边际消费倾向递减是指居民消费的增长低于收入的增长，造成消费需求不足。货币流动性偏好是指人们保存一定数量货币的愿望。货币同其他资产相比在使用上具有灵活性，因此人们都喜欢在手边保持一定数量的货币。银行利率越低，人们手边持有的货币就越多，造成资金供给不足；银行提高利率有助于吸纳这部分货币，但利率提高会造成企业家贷款意愿下降，同样会造成投资需求下降。

凯恩斯按照总需求决定总供给的假说，提出了增加有效需求的对策：增加公共支出，刺激消费需求和投资需求；调节收入分配，提高边际消费倾向，增加消费；建立社会保障制度，降低货币流动性偏好，进而增加消费。凯恩斯认为，做这些事情都离不开政府。

1. 增加政府公共支出

为了刺激投资需求，政府需要增加对公共品的支出。公共品不仅不具有排他性的特征，还具有乘数效应的特征。虽然政府的公共品投资改变不了资本边际效率递减的规律，但它可以影响投资效率的变化，从而刺激投资需求。由于公共品有可能刺激所有企业的投资需求，所以它具有乘数效应。

为了阐释投资变化与收入变化之间的关系，凯恩斯提出了投资乘数公式：$K = 1/(1-r)$。在公式中，K 为投资乘数，r 为边际消费倾向。该公式的含义是：在特定的边际消费倾向条件下，国民收入和就业的增量将是投资增量的 K 倍。只有边际消费倾向为零时，投资增量的乘数为 1。凯恩斯根据政府投资的增加会引起国民收入成倍增长的"乘数原理"，论证了政府干预经济的必要性和重要性。

凯恩斯还主张以温和的通货膨胀提高物价和降低利率，刺激投资，从而增加就业和工资总额，促进消费，扩大有效需求。此外，凯恩斯还基于各种资本品的边际效率的变化范围要远远大于利率的变动范围的分析，阐释了国家担负起直接投资责任的合理性[①]。

2. 提高边际消费倾向

从乘数公式可以看出，边际消费倾向越大，投资乘数越大。凯

---

① 凯恩斯：《就业、利息和货币通论》，徐毓枬译，译林出版社，2014，第141页。

恩斯提出的提高边际消费倾向的建议如下。第一，调节收入分配。由于富裕的人新增的收入很少用于消费，而贫困的人新增的收入大部分会用于消费，他主张用累进税和遗产税等工具来缩小收入分配不均的幅度，以提高边际消费倾向。第二，建立社会保障制度。凯恩斯主张建立各种社会保险与救济制度，消除个人为应对各种意外而不敢消费的现象，提高边际消费倾向。第三，减少收入的波动性。消费者在很大程度上是根据长期收入的前景来选择他们的消费水平的。长期收入前景是指个人在好的或坏的年景下平均得到的收入。所以，减少收入的波动性也会提高消费者的边际消费倾向。

3. 反周期调节

为刺激经济复苏，凯恩斯提出了反周期政策，具体措施如下。在财政政策方面，一是增加政府购买水平，提高失业补助和救济金，增加总需求；二是减税，给公众多留一些可支配收入，增加总需求。在货币政策方面，一是在公开市场买进政府债券，将货币投放市场，借助商业银行的货币乘数作用大幅增加货币供应量，使利率下降，以刺激投资，增加总需求；二是降低贴现率，鼓励商业银行向中央银行增加借款，向公众和企业增加贷款，使货币供应增加，利率下降，刺激投资，增加总需求；三是降低银行法定准备金率，增加货币供应，降低利率，刺激投资，增加总需求。

IS－LM 模型与菲利普斯曲线是凯恩斯主义者制定政策的理论基础和工具。IS－LM 模型与菲利普斯曲线很好地说明了通货膨胀与失业的替代关系，即高通货膨胀率能降低失业率；低通货膨胀率导致失业率上升。其原因是，货币市场将通过利率影响产品市场上的总需求特别是投资需求，而产品市场决定的国民收入通过货币市场的供需影响利率。也就是说，产品市场与货币市场相互联系、相互影响，同时收入与利率在相互作用中确定。例如，实施增加政府支出的扩张性财政政策，政府购买的增加会增加总需求，从而刺激私人部门投资，促进经济复苏。这样，扩张性财政政策的作用就发挥出来了。再如，实施增加货币供给的扩张性货币政策，货币供给的增加会使利率下降，而利率的下降会使私人部门增加投资，这样，货币政策刺激投资、增加总需求的作用就发挥出来了。这是他们提出反周期调节的理论依据。

（三）解决滞胀问题的经济学研究

20世纪70年代，滞胀成为一种经济常态。这是凯恩斯主义无法解释的经济现象。如何解决滞胀问题，成为经济学家的新任务。

1. 滞胀的含义

滞胀（stagflation）是指经济停滞（stagnation）、失业和通货膨胀（inflation）同时出现的现象。通俗地说就是物价上升和经济停滞并存。滞胀这个词是由英国政治人物伊安·麦克劳德（Iain Macleod）在1965年的国会演说中提出的，并将其定义为失业率与通胀率之和。经济学家通常认为，高通货膨胀率和高失业率是不可能并存的。凯恩斯的解释是，在资源尚未充分利用的条件下扩大总需求能增加就业且不会引起通货膨胀，在资源已经充分利用的情况下的过度需求才会引起通货膨胀，但此时就业是充分的，即有失业时无通货膨胀，有通货膨胀时无失业。过度需求引起的通货膨胀是需求拉上型的[1]。

---

[1] 1958年，菲利普斯根据1861~1957年英国的统计资料研究失业率和货币工资变动率之间的关系，拟合成一条用来反映失业率和货币工资变动率交替关系的曲线，即菲利普斯曲线。萨缪尔森以物价变动率代替货币工资变动率，用菲利普斯曲线反映通货膨胀与失业率之间的此起彼落的反向关系。这时的通货膨胀是由货币工资增长率提高引起的成本推动型通货膨胀。

但是在 20 世纪 70 年代，西方国家出现了高通货膨胀率和高失业率并存的事实。

2. 滞胀的原因

（1）财政支出结构变化。政府的财政支出最初主要用于具有乘数效应的公共项目。在建立福利国家的思潮的影响下，政府财政支出的很大一部分用于各种福利开支。增加福利支出能稳定总需求，但福利支出不像公共项目那样具有乘数效应，它只是弥补了低收入家庭的收入，使失业者不急于找工作，使经济萧条时期物价不下跌，使居民提高了对通货膨胀的容忍度。政府提供的福利越多，居民的就业意愿就越低；政府增加福利是以增加税收收入为前提的，而征税越多，企业投资的积极性就越低。由于福利范围的扩大和福利水平的提高既加剧了通货膨胀又弱化了就业意愿，这是形成滞胀的原因之一。

（2）工会和大公司垄断。工会和大公司是社会中的两大垄断力量。其中，工会控制着劳动力的价格，大公司控制着商品的价格，这种控制造成工资易升不易降的工资刚性和物价易涨不易跌的价格刚性。势均力敌的两大力量在劳资谈判中都会强调对方价格上涨而要求提高自己的价格，从而造成工资和物价螺旋上升。工资率上升的刚性越强，公司雇用劳动力的积极性越低，由此造成失业率居高不下。同理，大公司凭借垄断提高物价水平会对通货膨胀施加影响。这是形成滞胀的第二个原因。

（3）能源和农产品短缺。20 世纪 70 年代世界性的石油危机、农产品供应短缺和价格暴涨推动了通货膨胀。通货膨胀没有促进生产发展、促进就业，反而使一些与石油、农产品相关的生产部门成本上升过快而造成产品销量下降、生产萎缩、失业增加，出现通货膨胀与失业的并发症，这是形成滞胀的第三个原因。

3. 消除滞胀的办法

国家过度干预经济，束缚了经济活力，是滞胀的根本原因。在这方面政府可采用的措施是：减少政府干预，减轻税负、缩减福利开支。政府在发挥市场机制作用的方面可采用的措施是：稳定货币供应量、削弱工会和大公司对工资刚性和物价刚性的垄断力，其中最为重要的是稳定货币供应量和减少政府干预。

（1）稳定货币供给量政策。控制货币供应量，即使利率过高触发经济危机，也不放弃从紧的货币政策。如果遭遇了严重的经济危机，稳定的货币供应量可以抑制通货膨胀。

（2）能源和农业政策。限制石油消费，开发新能源，保证能源供给的稳定性；推进绿色革命，保障发展中国家的粮食安全；制止因石油和农产品价格上涨而加剧的通货膨胀。

（3）福利支出政策。对低工资收入家庭实行有差别的收入津贴政策；把福利支出与技术教育、劳动力再训练结合起来。

（4）收入政策。一是政府、企业和工会三方自愿协商工资的增长界限；二是实行硬性管制，直到冻结收入；三是在工资增长界限内，用减免所得税来奖励企业和个人超过界限的加税。

（5）人力政策。一是劳动力再训练，解决不同工种互相替代的问题，特别是对那些没有技术的工人或失业人员，训练他们学得一门专长，以满足企业的需要。二是帮助劳动力迁移，把劳动力从多余地区迁到短缺地区，解决劳动力流动问题。三是对那些不愿到艰苦地区的劳动力提供帮助或优惠的经济政治政策，激励他们去边际产出更高的区域（如美国西部大开发），增加供给水平。

二 解决特定经济问题的成功实践

随着经济发展，忽略的因素积累到一定程度，总会出现新的矛盾与问题，呼唤新的解决方案和经济理论支撑，而这可以根据经济现实进行相互借鉴或警戒。本部分将介绍不同经济问题下的成功实践，总结解决特定经济问题的做法、经验，同时为检验不同时期经济学研究的适用性提供一个参考，具体分别以二战后的德国、"大萧条"时期的美国、20世纪70年代陷入滞胀的英国为例，阐述解决不同经济问题的成功经济政策实践。

（一）增加供给、消除短缺的成功实践

德国经济随着其发动的战争的失败而崩溃了。1947年1月，德国的生产水平仅为1936年的31%，2月再降为29%。当时的德国生活资料极其匮乏，许多居民不得不靠包括一年四个鸡蛋在内的食物配给糊口，因衣物短缺而遭受寒冷。货币体系完全崩溃，官方发行的货币一文不值，人们更愿意用香烟作为交易工具。1947年，一条香烟就等于德国工人一个月的工资。很多时候有钱也买不到食品，德国社会进入城镇居民用生活必需品交换农村居民的农产品的阶段。产品销售与流通市场陷入瘫痪，价格失灵，整个国家不得不采用书面指令和指标分配的方式进行管理。增加供给、消除短缺是当时最为紧迫的任务。

为了扭转这种局面，德国实行了货币改革、取消配给制度和培育市场机制、废除高税率制度等措施。一是货币改革，稳定币值，恢复投资信心。1948年6月20日，德国实行货币改革，将旧货币

换成新货币，即德国马克，重新树立了货币体系和重拾了商业资本信心。二是取消配给制度和培育市场机制，激发生产主体投资的积极性。真正的货币只能在真正的市场中才能发挥作用，为此德国政府取消了物价管制，让市场来决定资源配置；真正的市场不应当有价格控制和配给制，德国政府在马克流通后的第一个星期天取消了绝大部分商品的配给制度，并放开工资和物价管制。三是废除高税率，刺激个人主动性。市场经济体制的关键是刺激个人的主动性，让更多的资源由个人支配，所以德国政府还废除了盟国管制委员会接管德国时实行的高税率制度。取消价格管制之初，德国物价飞涨，失业暴增，工会组织示威游行要求恢复配给制。但德国经济在经历了最初的阵痛后迅速起飞，1949 年物价开始趋稳，三年后国民生产恢复到了战前水平，随后德国进入了快速发展阶段。

德国将该体制称为"社会市场经济体制"，并写入了联邦德国宪法。社会市场经济体制的本质是市场经济。采用社会市场经济的提法不仅是为了让某些人更容易接受市场经济，更是为了追求"全民繁荣"的目标。但是，实现该目标的手段不是政府对财富进行再分配，而是以发挥市场配置资源的决定性作用为主，国家干预为辅。政府干预是为了打击垄断，创造公平竞争的秩序，而不是干预市场主体的活动。他们认为，经济发展的成就越大，社会福利政策的必要性越小，并据此反对高工资、高福利的政策主张。

20 世纪五六十年代的德国有意识地发展市场经济，同期的其他国家则热衷于政府干预和凯恩斯主义。这是德国能够迅速赶超这些国家而成为世界经济强国的根本原因所在。

（二）双手并用、刺激需求的成功实践

1929 年，以工厂倒闭、工人失业为主要特征的"大萧条"开始在美国蔓延。金融市场和股票市场出现大崩溃，美国陷入了经济危机的泥淖，以往蒸蒸日上的美国社会被存货山积、工人失业、商店关门的凄凉景象所代替。86000 家企业破产，5500 家银行倒闭，美国人多年的辛苦积蓄付诸东流，GNP 由危机爆发时的 1044 亿美元骤然降至 1933 年的 742 亿美元，失业人数由不足 150 万人猛升到 1700 万人以上，超过了劳动力总量的四分之一，整体经济水平倒退至 1913 年。农产品价格降到最低点，农民将牛奶倒入大海，把粮食、棉花当众焚毁的现象屡见不鲜。针对这些问题，美国实施了"罗斯福新政"（The Roosevelt New Deal），具体的措施如下。

（1）恢复银行信用。一是颁布《紧急银行法令》，对银行采取个别审查、颁发许可证制度，尽快恢复银行与金融运营体系；二是放弃金本位制，美元贬值 40.94%，刺激出口；三是停止黄金出口，禁止私人储存黄金和黄金证券，停止美元兑换黄金，抑制金融波动。

（2）维护公平竞争。为了规范竞争秩序和激活企业，复兴工业，美国通过了《全国工业复兴法》。该法从制定企业生产规模、价格、销售范围入手限制垄断，消除盲目竞争引起的生产过剩；要求大资本家必须遵守公平竞争的规则；为中小型企业提供税收、融资、雇用劳动力等方面的优惠，促进中小型企业的发展。

（3）稳定农产品价格。针对农产品供过于求的问题，政府以发放补贴的方式促进休耕和屠宰牲畜（如奶牛、能繁母畜等），减少农产品供给，恢复农产品供需平衡，稳定和提高农产品价格。

（4）改善基础设施和公共服务。构建由州政府、县政府及私

人慈善机构组成的以工代赈体系，合理划分联邦政府和州政府之间使用以工代赈资金的比例，制定优惠政策鼓励地方政府为失业者提供从事公共事业的机会，如植树护林、防治水患、水土保持、道路建设、开辟森林防火线和设置森林瞭望台，以及校舍、桥梁、堤坝、下水道及邮局和行政机关等公共服务设施的建设。因为以工代赈资金经过工人的消费又回到出资者手里，所以这部分资金成为激活私人消费和个人投资的"药引子"。一大批公共项目的实施，大大缓解了失业问题带来的经济压力，刺激了经济复苏，也改善了美国的基础设施和公共服务水平。

（5）刺激消费和生产。一是颁布《公平劳动标准法》（又称《工资工时法》）。该法规定的最低工资和最高工时（如每周 40 小时工时，每小时最低工资 40 美分）刺激了劳动力供给。二是征收累进税。对 5 万美元以上的纯收入和 4 万美元以上的遗产征收 31% 的税，500 万美元以上的遗产可征收 75% 的税；公司税率过去均为 13.75%，实施新政后，公司收入在 5 万美元以下的税率降为 12.5%，5 万美元以上的税率增长为 15%。工资新规与累进税率政策调动了劳动者与企业的生产积极性，增加了社会的有效供给。

旨在治理"大萧条"的"罗斯福新政"，为美国经济的恢复奠定了坚实的基础。其中，做出供过于求成为经济常态的判断是取得成功的基础，成功的关键则是综合运用"看不见的手"（市场竞争等）和"看得见的手"（整顿金融体系、发放政府补贴以压缩农业生产规模、调节收入分配和增加消费边际倾向等）的互补作用。

（三）深化改革、克服滞胀的成功实践

20 世纪 70 年代，英国经济陷入了高通胀、低增长的"滞胀"

泥淖，通胀率一度上升至25%，GDP出现负增长。1973年到1975年英国的工资水平分别增长15%、19%和23%，压缩了企业利润。工资与物价螺旋式上升造成通胀压力。国企过多、政府干预过度等问题也非常严重。国有部门雇用了全国25%的劳动力，贡献了10%的GDP，很多国有企业处于亏损状态，政府的财政补贴扭曲了资源配置方式。

撒切尔于1979年担任首相后，采取了紧缩货币、减税、减少政府干预、推进国企私有化和废除物价管制等措施。一是紧缩货币供给，这一举措导致基准利率一度达到17%，失业率从5%上升到10%，但通胀率从21%迅速下降至5%以下。二是减税，高收入者的边际税率从80%降到50%，低收入者的税率从33%降到30%，激发了市场和私人部门的活力。三是压缩政府开支，减少对国有企业的补贴；减少对经济的干预，提高经济运行效率；降低门槛和放松管制。四是国有成分的公司私有化改革，战略性国有部门上市。私有化提高了企业效率。五是取消外汇管制，废除政府对物价、收入和股利的管制。实行了以上措施后，英国的恶性通胀得到控制，经济触底反弹，人均GDP的增长速度、工业生产回升速度相比欧元区其他国家更快，企业吸纳劳动力的能力增强，失业率明显回落，主要宏观经济指标波动大幅度减小。

三 改革开放以来中国经济的发展

从世界范围看，短缺、过剩、滞胀这三个具有鲜明特征的经济发展阶段是在数百年的时间里先后出现的。中国的这三个阶段是在数十年的时间里出现的。这是中国经济不同于其他经济体的一个显著特征。这三个阶段的出现既有先后顺序，又交织在一起，则是中国经济不同于其他经济体的另一个显著特征。如果说改革初期主要面临的是第一类问题，20世纪90年代末同时面临前两类问题，以第一类问题为主，现在则同时面临上述三方面问题，以第二类问题为主。

（一）提高供给效率

1. 改革开放前的中国经济状况：效率低下、供给不足

生产效率低下、物资普遍短缺和民众生活贫困是改革开放的直接原因。新中国成立初期，资本短缺、市场要素不完善，无法凭借市场配置资源的方式来发展经济特别是工业，无奈之下，中国选择了在宏观上控制各种要素和产品价格，在中观上以行政手段配置资源，在微观上限制经营主体"人、财、物"和"产、供、销"的自主权的举措，在短期内建立了较为完整的工业体系，并取得了以"两弹一星"为标志的一系列令中国人感到自豪的成就。然而，要素和产品价格扭曲造成生产效率低下，人均农产品和人均收入水平增长幅度甚小，与发达国家的收入差距并未缩小。1978年，中国城乡人均可支配收入分别为343.4元、133.6元，恩格尔系数分别为57.5%、67.7%，全国人均粮食占有量不足320斤、棉花2.25斤、油料5.45斤，肉、奶及水产品等农产品供给也远不足以满足居民需求。由于工业以重工业为主，轻工业发展相对滞后，生活资料相当匮乏，城镇居民凭票购买基本消费品，农村居民连政府配给都没有，供给保障程度更低。

2. 增加供给、消除短缺的措施

改革开放初期，为了解决短缺问题，中国从减少政府管制、向

集体经济组织和企业赋权与创造公平竞争环境入手，采取了一系列激励经济主体积极性的举措，将被计划体制压抑的劳动力的生产积极性释放出来，将企业的创新活力激发出来，资源配置效率有了明显的提高。

（1）发挥劳动者积极性。改革开放前，绝大多数劳动者作为国有企业、集体企业或农村集体经济组织的一员，只有按照指令做好本职工作的责任，而没有选择职业的权利，更没有配置资源的权利。改革初期，为了充分发挥全体劳动者的积极性，农业以家庭经营取代了集体经营、工业划小了核算单位。这些着眼于激励更多人的积极性的政策，释放了被计划经济体制压抑的劳动者的积极性，充分发挥了我国资源禀赋的比较优势。改革后中国经济的年均增长率是改革前的 2 倍以上，这主要是改革的贡献。例如林毅夫的研究表明，1978～1984 年农作物总产值增加了 42.23%，其中将近一半（46.89%）来自家庭联产承包责任制改革所带来的生产率的提高。

（2）细化劳动分工。随着劳动分工越来越细，机械的通用性变弱了，专用性变强了。过去的工人大多使用通用性很强的机械加工各种各样的零件，现在的工人大多使用专用性很强的机械生产特定的零件。生产的效率和精准性大多依赖于电脑编程，而不是个人常年积累起来的经验。

与这种趋势相对应的是，生产单个产品的企业越来越多，生产同类产品的企业的空间集聚效应越来越显著，专门生产一种产品或一类产品的工业园区越来越多。细化劳动分工已经成为改革开放以来提高劳动效率的主要途径。

表 1 - 1 改革开放前后主要经济指标年均增长率及恩格尔系数变化

单位：%，百分点

年份	GDP	人均 GDP	人均粮食产量	人均纯收入		恩格尔系数变化	
				农民	市民	农民	市民
1952～1977	6.43	4.30	0.17	—	—	—	—
1978～1989	15.07	13.43	1.22	13.43	14.66	-3	-12.9
1990～1997	20.18	19.07	0.86	17.18	16.71	-7.2	-2.5
1998～2008	14.07	13.34	-0.33	11.27	8.21	-6.8	-9.7
2009～2015	11.88	11.30	2.12	10.46	14.19	-5.9	-10.4
1978～2015	15.16	14.04	0.95	12.96	12.78	-26.9	-37.1

资料来源：2015 年人均粮食产量数据根据国家统计局《2015 年国民经济和社会发展统计公报》中的粮食产量和人口数据计算所得；2015 年因无官方城乡恩格尔系数统计数据，数据为 2016 年 1 月国家统计局局长王保安在国务院新闻办发布会上公布的数据；其余原始数据均来源于《中国统计年鉴》；1952 年有关人均收入数据差异较大，恩格尔系数数据缺失，因此暂未列出；表中相关产值均为当年价格数据，我们也尝试运用可比价格产值比较，发现结论一致。

（3）促进市场竞争。以价格的双轨制、发展民营经济与改革国有企业相结合等渐进的方式推进改革，发挥了价格机制的作用，调动了民间资本的活力，避免了缺乏自生能力的大型国有企业在转型期的崩溃及其带来的后果。建设社会主义市场经济体系的目标的适时提出，进一步调动和激发了经济主体的生产积极性和创造活力。

（4）放松政府管制。为了放松自上而下的政府管制，促进市场经济体系的形成，我国实行了明晰中央政府与地方政府权责关系的分税制改革，扩大了地方政府的自主权。最重要的改革是放松对劳动力流动的政府管制。先是允许农民离土不离乡，取消了对农村劳动力就业的管制，给予农民在农村发展乡镇工业的权利；后来又放松了户籍管制，允许农民离土又离乡，赋予农民进入城镇从事非农业劳动的权利。我国劳动力由低效率产业向高效率产业的转移，极大地提高了中国的劳动生产率。

3. 增加供给、消除短缺的效果

我国采用的不断深化的渐进式的改革方式，使中国经济实现了持续40年的高速增长，使中国由低收入发展中国家依次进入下中等收入发展中国家、上中等收入发展中国家的行列，并于2010年超过日本成为世界第二大经济体，2013年成为世界第一大贸易国。中国外汇储备由1978年的1.67亿美元增加至2014年的38430亿美元。中国经济综合实力的显著提升为增强中国的国际话语权提供了有力保障。

改革开放以来，城乡居民的收入水平和消费水平显著提高。城乡居民家庭人均纯收入年均增长率均高达13%，农村贫困人口减少7.7亿人，农村贫困人口发生率由97.5%降至7.2%①，居民消费结构逐渐升级，城乡恩格尔系数分别下降了37.1个和26.9个百分点。20世纪90年代，居民收入迅速提高，购买力和消费欲被逐步释放。解决了温饱的国民感觉到了选择商品的快乐，开始购买时装、珠宝首饰、新潮家具和各种新式的生活用品，彰显自己的个性，追求消费的质量和生活的乐趣。

进入21世纪，居民消费水平实现了质的飞跃。看电视剧、小区跳舞、公园练操等娱乐方式已满足不了民众日益增长的需求。健身房、游泳馆、台球厅、电影院等娱乐场所受到人们的喜爱。去全国各地旅游的人越来越多，出境游也逐渐升温。

随着消费水平和消费需求出现的多层次、多维度和多样性的变

---

① 按当年价现行农村贫困标准衡量，数据来源于国家统计局《改革开放以来我国农村贫困人口减少7亿》，新华网，http：//news. xinhuanet. com/politics/2015 - 10/16/c_1116848645. htm。

化，"绿色消费""健康消费""个性消费"逐渐走入寻常百姓的生活，网购、团购成为引领新潮流的消费模式，无公害蔬菜、绿色有机食品越来越受到人们的青睐，个性化定制、自定义改造的消费模式日渐兴起。

（二）扩大有效需求

1. 相对过剩的表象

基本需求解决以后，有效需求不足及其衍生的经济问题逐渐凸显。一是有效需求不足。改革开放以来中国居民收入水平快速提高，用于储蓄的比例越来越大。储蓄占 GDP 的比重由 1978 年的 5.6% 持续上升至 2005 年的 75.88% 和 2014 年的 76.31%。这是近年来我国投资率居高不下的来源之一。高储蓄率造成的有效需求不足阻碍了中国的进一步发展。二是产能过剩。例如，2015年中国钢铁产能利用率为 67%，玉米等农产品出现产量大、库存大、进口多的问题。三是供需脱节。一些企业的生产缺乏严密的监管，无法保障产品质量的稳定性，生产出来的产品不被消费者认同，以致出现了中国消费者去国外抢购马桶盖、电饭煲、奶粉等事件。

2. 扩大有效需求的措施

针对结构失调、产能过剩的问题，我国采取了两类措施，一是推进市场化改革，二是从增加公共支出入手刺激有效需求。

（1）增加公共项目支出。为了发挥公共项目的乘数效应，撬动个人、企业的投资需求，2006～2015 年，中国的一般公共预算支出增速由低于收入 3.4 个百分点转换为高于收入 4.8 个百分点。2008～2010 年，政府在基础设施和公共服务设施建设方面投资 4

万亿元。高铁"四纵四横"网络、高速公路网络和机场网络的形成对刺激投资和消费的作用已经开始显现,并将继续显现出来。毋庸讳言,个别国有企业用这部分资金在土地一级市场上竞标,拉动地价上涨进而房价上涨,导致房地产市场过热,造成了负面影响。

图 1 - 1   1978 ~ 2014 年中国居民储蓄占 GDP 比重

资料来源:国家统计局网站。

(2)构建社会保障体系。国家以试点的经验为基础于 2006 年在全国推行社会保障体系建设,具体包括低收入人群保障制度、农民养老制度、城乡养老保险并轨制度、大病统筹制度等,规范和完善了失业保险、工伤保险、生育保险等制度,降低城乡居民的风险预期,激发他们的投资需求和边际消费倾向。

(3)扩大落后地区的投资和消费需求。鉴于落后地区投资和消费的边际需求更大的事实,国家采取了下列政策举措:加大对农村和中西部地区的财政转移支付,调整累进税税收标准、取消农业税、加大农业补贴力度特别是对贫困区域和贫困人群的扶持力度,将落后地区的后发优势和消费需求激发出来。

（4）加强生态环境保护。实施天然林保护、退耕还林、退牧还草、退田还湖、公益林生态补偿等生态工程，一方面推进森林、草原的生态修复和大江大河的生态治理，另一方面为自然资源丰富地区的农牧民提供更多的就业机会和收入来源，进而激发他们的投资和消费需求。

3. 刺激有效需求的效果

中国采取的扩大有效需求的措施取得了显著成效。一是经济持续高速增长，成为全球经济增长的引擎，贡献率达30%以上。二是投资规模大幅提升，全社会固定资产投资由2000年的3.29万亿元增加至2010年的25.17万亿元，增加了近7倍，占同期GDP的比重由32.99%提高到61.55%。2014年，全社会固定资产投资总额为51.20万亿元，相当于同期GDP的80%。中国的股市、债券市场规模迅速扩张。2015年，中国债券市场规模近40万亿元，是2007年（12.6万亿元）的3.2倍。股市、债券市场规模的迅速扩张，丰富了企业融资渠道，降低了企业融资成本，增强了企业的投资需求。三是居民消费水平快速提升。2000~2012年，我国城乡居民家庭人均消费支出分别在4998元、1670元的基础上增加了2.33倍、3.54倍。同期，城镇居民平均每百户家用汽车拥有量由0.5辆增加至21.5辆，增加了42倍。农村居民平均每百户洗衣机、电冰箱、移动电话、计算机等耐用消费品的拥有量均有显著增加。例如，2000年农村居民平均每百户洗衣机、计算机拥有量分别为28.6台、0.5台，2012年分别增加到了67.2台、21.4台，分别增加了1.35倍、41.8倍。四是城乡居民住房条件显著改善。农村居民人均住房面积由2000年的24.8平方米增加至2012年的37.1平方米，增长了近50%。

（三）消除滞胀风险

1. 潜在的滞胀风险

总体上看，中国经济管理的主要任务是提高供给效率、释放有效需求、消除部分产能和部分产品的过剩问题。前者如农产品，后者如钢铁产能过剩、房地产过剩。但是，现实中也出现了滞胀的苗头。所以，消除潜在的滞胀风险，也是深化改革的题中应有之义。

一是增长趋缓。自 2012 年始，中国经济增速跌至 8% 以下，2015 年进一步跌至 6.7%。据分析，中国经济内生增长动力疲弱，政策放松的空间受到房地产价格、通货膨胀和众多体制性因素的制约，发挥潜在经济增长率的经济政策空间较小，经济增速 7% 将成为常态（刘世锦，2014）。

二是产能过剩。《中国企业家》于 2015 年 11 月底的调查显示，中国企业的设备平均利用率为 67.8%，其中制造业企业的设备平均利用率为 66.6%，比 2014 年的设备平均利用率下降了 4.4 个百分点。

三是就业困难。一是工资快速增长引起机械对劳动替代造成的就业困难；二是大学生高不成低不就造成的就业困难；三是依赖长辈或政府福利引发的就业意愿下降。

四是价格上涨。工资刚性和物价刚性引发了工资和物价轮番上涨。比如油价，国际价格上涨时紧紧跟上，国际价格下跌时却找出种种理由不降；房价顶着国家逆调节政策不降反升；蔬菜、肉类等产品价格易涨不易落。此外，还有政策向资源富集地区让利引起的价格上涨，粮价只涨不降的政策引发的农产品价格上涨。

2. 深化改革、消除滞胀的措施

为了化解滞胀风险，中国正在开展供给侧结构性改革，其主要

措施有三条。

（1）减少和改善政府干预。一是缩小干预范围。放宽对以企业为主的创新主体的管制，简化或减少行政审批手续，下放审批权限等。凡是政府能做，企业和社会组织也能做的事情，交给企业和社会组织去做，政府只负责公共品供给，比如政府只管公共领域的土地征用。二是提高干预的有效性，即通过专家咨询制度和公民听证制度来提高干预的准确性。三是提高政府行为的透明度，即通过竞标制度和公示制度来提高政府行为的透明度。

（2）减税。为了刺激企业和个人的投资需求和消费需求，国家以部分地区部分行业试点为基础于 2016 年 5 月 1 日开始在所有行业实行"营改增"的减税政策。"营改增"的实质是消除重复征税，进而降低企业税负。在 2012～2015 年的试点期间，"营改增"累计实现减免税收 6400 多亿元。此外，国家还对托儿所、幼儿园、养老机构提供的保育、教育、养老等服务，金融机构提供的农户小额贷款、国家助学贷款等服务实行免税。

（3）加大人力资本投资。一是通过劳动力就业培训、素质教育、职业教育等措施提升人力资本的质量；二是培育劳动力和技术要素等市场，促进人力资本的竞争；三是改善技术创新、制度创新和组织创新的环境，使所有有创新意愿的人都有机会追求自己的梦想，从而最大限度地提升全要素生产率。

3. 深化改革、消除滞胀的效果

随着供给侧结构性改革的推进，中国经济发展稳中向好。2016年第一季度经济发展好于预期。需要指出的是，上述消除滞胀的措施才刚刚实施，现在还不是评价它们效果的时候。目前，中国经济的主要问题并不是滞胀，改革的重点仍应该放在刺激有效需求方面，使中国能够继续保持较快的经济增长。中国保持经济的快速增长之所以重要，是因为只有在现有的基础上继续翻一番和翻两番，才能真正成为发达经济体，成为发达经济体中的佼佼者。当然，无论是翻一番还是翻两番，都不是 GDP 翻一番和翻两番，而是 GNP 翻一番和翻两番。所以，对中国经济发展前景的分析必须立足于全球，而不能仅仅立足于国内。

第二章　农业发展政策变迁的国际透视

美国的现代农业政策体系开启于 20 世纪 30 年代，在 80 多年的现代农业发展中，具有内在逻辑一致性的农业支持政策经过不断的调整和完善，服务于提高本国农业竞争力、社会公平和可持续发展等目标。欧盟（欧共体）共同农业政策体系以 1960 年为开端，政策目标是稳定价格、稳定产量和提高农业的可持续性。日本的现代农业开启于 20 世纪 60 年代，农业政策的突出特点是保护本国农业发展和提高农产品质量。

美国、欧盟（欧共体）和日本的农业政策的变迁，均以每个时期国家的经济发展状况、全球的政治经济秩序、国际贸易格局为背景，受到汇率、气候等因素的影响，服务于本国的政治、经济与社会发展。

梳理美国、欧盟（欧共体）和日本的现代农业发展政策变迁的脉络，可以概括出以下特征。

第一，政策目标与时俱进。随着农业发展中拟解决的问题的变化，农业政策的目标由消除供给不足依次提升为减少供需波动、保障农产品质量安全与环境安全。农业政策的重点由目标价格调整为收入支持和风险控制。

第二，政策工具不断创新。从产品补贴拓展为休耕补贴、差额补贴、储备补贴和保险费补贴。（1）产品补贴，以财政和政策性金融手段直接支持农业生产，农民种多少就能卖多少，多产多得，在市场疲弱的情况下由政府"埋单"。（2）休耕补贴，从限制产量入手达到稳定农场主收入和保护耕地的目标。（3）差额补贴，补贴不再与产量挂钩，成为增加农场主收入和调节分配的政策工具。（4）储备补贴。（5）保险费补贴等。

第三，目标和工具具有融合性。例如，与市场利率相联系的政策和以平衡风险为目标的保险机制相融合，收入补贴与环境保护相融合，财政工具与金融工具相融合。

第四，政策改革具有市场化取向。例如在美国的农业政策中补贴一直是最重要的政策工具，但补贴的改革具有市场化取向。（1）降低价格支持水平。1949年出台的《农业基本法》修正案中尽管保留了绝大多数直接补贴措施，但该法律首次做出规定，政府应根据市场供求的状况逐步降低价格支持水平。1996年签署的《联邦农业改进和改革法》，取消了对农作物播种面积的限制，赋予了农场主可根据市场行情决定生产的权利，并首次规定政府对农业的补贴同农产品市场价格脱钩。尽管这项改革于2002年被终止，但这些具有市场化取向的改革仍有重要意义。（2）将直接生产补贴与市场价格挂钩。2002年修订的《农业法》引入反周期支付措施，对包含的各类农作物确定一个目标价格，以发挥市场价格的作用。（3）完善农业保险机制。美国于1978年创设了联邦农作物保险计划，2014年建立了作物保险保障机制，从定位农场产量和收入改为定位县域平均产量和平均收入，从作物的减产赔偿改为作物的风险保障。

一　消除农产品供给不足的政策

20 世纪 30 年代初期到 60 年代末期是现代农业发展的第一阶段，当时面临的主要问题是农产品供给不足。农业支持政策的目标是增加农产品供给，消除供给不足的局面，采用的主要政策工具是直接补贴和配额。

（一）提高农产品产量的补贴

美国和欧盟（欧共体）的早期农业政策的目标是提高农产品产量，主要的政策工具是直接补贴。美国和欧盟（欧共体）分别以贷款率和干预价格作为补贴手段，这两个补贴手段的实质是政府确定农产品的最低价格。

1. 贷款率和干预价格

美国的农业支持政策始于 1933 年，包括三项内容。一是直接补贴。二是为农场主提供无追索权贷款。这是一种政策性金融，贷款本金来自政府，由政策性金融机构——商品信贷公司（CCC）执行。CCC 对所有合乎条件的生产小麦、棉花、玉米等作物的农场主提供无追索权贷款。为了确定农场主可获得的贷款量，美国在 1938 年颁布的《农业调整法案》[1] 中规定：由联邦立法机构或农业部长根据立法规则确定 CCC 的贷款率（Loan Rate）[2]，贷款率为单位农产品的贷款额占单位农产品可比价格（或平价）（Parity as

---

[1]　法案网站，http：//www. legisworks. org/congress/75/publaw - 430. pdf。

[2]　资料来源：Sally H. Clarke Citation，*Regulation and the Revolution in United States Farm Productivity*，Austin：University of Texas，July，2002。

Applied to Prices)① 的比例（通常在 52% ~ 75%），各种作物的贷款率会因作物的价格、需求与产量的不同而不同。如果农产品市场价格高于贷款率，农场主出售农产品后可以归还贷款；如果农产品市场价格低于贷款率，农场主可以不归还贷款而把自己的农产品交给 CCC，且不负担任何费用或罚款。显然，贷款率就是支持价格或最低价格。实际的执行情况是，1934 年发放贷款后，1935 年农产品价格低迷，CCC 对农户的贷款给予展期；1936 年农产品价格依旧低迷，CCC 不再同意贷款展期，农户以农产品冲抵，使得 CCC 持有大量玉米与棉花。三是政府购买。如果贷款率高于市场价格，必然会出现供大于求的状况，这时政府负责收购多余的农产品以维持支持价格。为了控制供给，减轻政府收购压力，美国政府为农场主规定了每种作物的种植面积。在 20 世纪 50 年代末 60 年代初，政府购买是维持支持价格的基本手段，目前该手段只用于牛奶和糖两种产品。

欧洲共同体借助于门槛价格（Threshold Price）、标位价格（Minimum Price）和干预价格（Intervention Price）实行统一管理、维护市场平衡和保护生产者利益，其中谷物采用干预价格。谷物干预价格与欧共体最大的余粮区法国的奥尔姆市场条件相联系。当市场价格低于干预价格时，生产者在市场上出售农产品后可以从欧共体设在各成员国的干预中心领取市场价格与干预价格之间的差价补贴，或者将农产品以干预价格直接卖给干预中心。干预价格是直接

---

① 当期可比价格（或平价）（Parity as Applied to Prices）=（当期购买力/基期购买力）×基期实际价格。基期的时间段为 1909 年 8 月至 1914 年 7 月，但烟草的基期时间段为 1919 年 8 月至 1929 年 7 月。这个价格反映了由土地担保的债务的利息、纳税额和运输费用。

补贴的一种形式。

二战以后，日本农业政策的导向是发展牛奶、肉类、蔬菜、水果等需求量趋于增加的产品，限制水稻、大豆、油菜籽等需求量变化较小的农产品，压缩需求趋于减少、国际竞争力较弱的农产品。为提高农业劳动生产率和缩小工农之间的收入差距，日本于1961年颁布和实施了《农业基本法》，这是开启现代农业进程的标志。《农业基本法》规定，扩大需求量增加的农产品生产，减少需求量减少的农产品生产，合理配置与外国农产品形成竞争的农产品生产①。

2. 保护土壤肥力的补贴

美国国会以1936年通过的《土壤保护和国内配额法》替代了1933年《农业调整法》中有关限制作物播种面积的条款。该法案将作物分为"消耗地力型"（如谷物、棉花和烟草等）作物和"增强地力型"（如豆科作物和牧草等）作物两大类，前者正好是生产过剩的作物。为促进"增强地力型"作物对"消耗地力型"作物的替代，该法案规定，以"增强地力型"作物替代"消耗地力型"作物的农场主均可获得政府补贴，补贴金额相当于土地正常产量的50% ~ 60%。

（二）配额

美国的现代农业政策是以1933年联邦政府出台的第一部《农业调整法》为开端的，当时农业政策的目标有二：一是通过农业立法放松对生产的控制，扩大价格支持的范围，提高价格支持水

---

① 彭述林、吴宇：《美日欧农业支持政策比较研究》，《日本问题研究》2008年第1期。

平，鼓励增加农产品供给；二是通过销售配额政策稳定农产品产量，销售配额根据农场主的历史销售情况确定。1938 年出台的《农业调整法》修正案中仍保留了 1933 年颁布的《农业调整法》中关于销售配额制的规定。销售配额制的实质是向特定农产品的原有生产者赋权，没有配额而想生产特定农产品的农场主要向拥有销售配额的农场主购买或租用配额后方可生产，进而保障了农业生产的有序性。

第二次世界大战结束后，欧洲出现了农业生产衰退、食物短缺的局面。为了尽快扭转这种局势，欧洲国家采取了提高农业生产力和农产品自给率的战略。1957 年，德国、法国、意大利、荷兰、比利时和卢森堡 6 国签订了《罗马条约》，成立了欧洲经济共同体（简称欧共体）。1962 年上述 6 国以签订《建立农产品统一市场的折中协议》为标志，开始正式实施共同农业政策（CAP），并确立了共同农业原则①。当初设定的政策目标是通过提高农业劳动生产率，增加农民收入，稳定农产品市场，保障农产品供给，确保农产品售价处于合理区间内。农业政策的内容包括：建立欧洲农业指导和保证基金，统一农产品市场和价格，补贴农产品出口；设置差价税和配额等政策工具，并根据农产品市场供求的变化灵活应用这些工具，以确保欧共体农业免遭外部廉价农产品竞争。欧共体除了根据谷物协议实施配额制外，对畜产品也实施了配额制，但体制与谷物有所不同。糖类实施了临时配额制，这一制度到 20 世纪 90 年代仍然存在。

---

① 共同农业原则的主要内容是：统一市场原则，欧共体成员国之间实行自由贸易；共同体优先原则，在不排斥共同体外的国家的农产品的情况下，共同体内的农产品贸易拥有优先权；财政一致性原则，成员国在共同农业政策框架下实行共同的农业预算。

日本对奶产品实行生产配额，对稻田改种小麦、大麦或大豆等作物，给予每公顷 920 美元的补贴。

二　减少农产品供需波动的收入支持政策

20 世纪 50 年代初期，美国出现了战后第一次粮食过剩，1968年，欧共体出现牛奶、糖、小麦以及一些木本水果过剩。针对这种情况，农业政策的重点由刺激供给转向平抑供需波动和稳定农民收入。进入 21 世纪以来，美国一直把平滑生产者的收入水平作为降低生产波动的手段。

（一）提高生产者收入的补贴政策

虽然农业政策的调控目标由刺激农业生产转向稳定农民收入，但补贴仍是重要的政策工具。农民的收入在相当程度上取决于政府补贴，而不仅仅取决于市场状况。

1. 出口补贴

针对农产品过剩的情形，20 世纪 50 年代，美国将设置农产品出口补贴作为新的政策手段，以鼓励农产品出口，解决农产品过剩的问题。

欧共体于 20 世纪 60 年代设置农产品出口补贴。它们的做法是通过关税限制农产品进口，关税额为世界价格和内部设置的目标价格之间的差价。通过出口补贴鼓励出口，补贴额为生产者价格和世界价格之间的差价。2001 ~ 2002 年，欧盟支付的农产品出口补贴为 26 亿欧元，主要用于乳制品（37%）、糖（19%）和牛肉（15%）出口。2003 年和 2004 年的出口补贴有所增加，分别为 33

亿欧元和 29 亿欧元。

日本国内生产的农产品的平均价格比世界市场上的农产品的平均价格高 130%，尤其是大米，政府以行政定价收购农民的稻谷作为国家储备①，其国内生产的稻米的销售价格比进口稻米的平均价格高 5 倍左右。1986～1988 年和 2002～2004 年两个时期，价格支持和产出补贴占生产者补贴等值（Producer Subsidy Equivalent, PSE）的 90% 左右。

2. 休耕补贴

为了化解农产品过剩问题，必须停耕一部分土地，以减少农产品的产量。为此，美国国会在 1956 年通过了"土壤银行计划"。凡是按照该计划休耕的土地，农场主享有从土壤银行领取相当于地租的休耕补贴的权利，需履行的责任是在按短期计划休耕的土地上种草，在按长期计划休耕的土地上种树，以保护土壤资源不流失。1963 年，政府对参与休耕计划的农场主给予了一系列补偿。面对日益严重的农业过剩，1983 年美国又一次实施减耕项目（acreage reduction programs），这次减耕采用了实物补贴的方式。

欧盟（欧共体）于 1992 年实施强制性休耕，并将其作为农场主领取直接补贴的条件。2000 年确定休耕的比例为农地总量的 10%，2003 年和 2004 年这一比例降为 5%。

3. 差额补贴

2002 年生效的美国《农场安全与农业投资法》，将农业的国内价格支持转变为对农民的收入支持，以保障他们收入的稳定性。差额补贴为单位农产品应得的补贴额。市价高于贷款率时，差额补贴

---

① 李先德：《OECD 国家农业支持和政策改革》，《农业经济问题》2006 年第 7 期。

等于目标价格与市场价格之差；市价低于贷款率时，差额补贴等于目标价格与贷款率之差。收入支持政策的实施范围是玉米、小麦、棉花等主要农产品（李先德，2006）。差额补贴兼顾了市场价格和生产者利益的关系，是具有市场化取向的改革方式。

2002 年的《农业法》将反周期支付①用作新的收入支持手段，并对所包含的农作物确定了各自的目标价格。当农产品有效价格低于目标价格时，由反周期支付（CCPs）计划对所涵盖的农产品提供支持。当贷款率提高或平均季节价格加上差额补贴低于目标价格时，将按这一差额确定反周期支付水平。

2008 年的《食品、环保和能源法》进一步提高了一些产品的贷款率，扩大了营销援助贷款计划的适用范围，强化了增加农民收入的政策效应，并创新了反周期支付与平均农作物收入选择补贴二选一的补贴模式，其中，反周期支付基于目标价格，平均农作物收入选择补贴基于收益。

2012 年以前，美国整体的农业支持政策以直接补贴为主。2012 年，美国实施了农业收入风险保障计划。当农户种植的作物收入低于最近 5 年平均收入水平的 89% 时，农业收入风险保障计划开始为农民提供补贴，但补贴总额不超过近 5 年平均收入水平的10% 。该计划还规定调整后年收入超过 75 万美元的农场主不允许申请农业风险保障计划，并将农场主可获得补贴的最高限额降低到5 万美元。

---

① 反周期支付：是以当期价格和历史产量为基础的补贴，支付面积按照 1998～2001 年的平均值计算，单位农产品的反周期支付额由该农产品的目标价格与有效价格的差额决定。其中，目标价格由政府制定，有效价格为该农产品全国全年平均市场价格或平均贷款率（取二者数值较大者）与差额补贴之和。当农产品的有效价格低于目标价格时，农户获得政府提供的反周期补贴。

1992 年，欧盟（欧共体）对共同农业政策进行了被称为麦克希瑞计划（the Mac Sharry Plan）的改革。这项改革是农业支持政策由价格支持转为收入支持的重要一步，改革的核心是削减主要农产品的价格支持水平，例如将谷物价格下调 35%，使之接近世界市场价格，同时赔偿农场主的收入损失。赔偿以土地面积为基础，与实物生产脱钩，大农场主获取赔偿要以削减种植面积为前提。这项改革遭到大农场主和单产高的农场主的反对，最后所有农场主无论生产规模大小都得到赔偿。

2000 年的共同农业政策改革继续沿着 1992 年的改革路线进行，进一步降低干预价格水平，提高补贴额度。必须指出的是，目前价格支持仍是欧盟维持农业收入的主要手段，直接补贴在农民收入中一直发挥着重要的作用。

日本也运用美国和欧盟的差额补贴工具，对目标价格与市场价格的差额进行补贴。

4. 粮食储备计划

1978 年，美国推出了粮食贮藏补贴计划，用补贴引导农场主配置谷物储存设施和设备，使农场主能够在市场价格低迷时不将粮食出售，从而稳定粮食市场价格。

对于大米，日本政府以行政定价从稻农那里购买作为国家储备。

5. 实物支付（PIK）

1982 年，美国的作物收成达到历史新高，新增的产量大部分积压在仓库里。1982~1983 年种植季度末，在考虑了补给线需求以及应对天气和市场波动需求的基础上，谷物和油籽的库存量仍超出 30 亿蒲式耳。小麦、玉米、棉花和稻谷的库存量超过结转

（carryover）需求50%～150%。库存量的增长压低了农产品价格，抑制了农户收入，并增加了政府的农业支出。1981年至1982年末，小麦、玉米和棉花价格下降了10%～25%，1982年农场主的收入降低了20%。

针对这种情况，美国政府于1983年1月采用实物支付（payment in kind）方式，即以过剩农产品代替现金向农业生产者支付，让农户得到并储存这些过剩农产品，达到闲置过剩的种植面积而政府支出不增加的目的。

6. 直接支付计划（SPS）

欧盟于2003年开始采用直接支付计划，既确保农民有更稳定的最低收入，又要求农民在做耕种和饲养决策前考虑当地和世界粮食市场。这项改革试图扭转欧盟以往采用的农业补贴与农业生产挂钩的常规方式。但该计划实施得并不彻底，部分成员国几年后又恢复了挂钩补贴制度。2009年，欧盟委员会出台的72号法令要求，除哺乳母牛、山羊、绵羊的生产补贴外，仍实行农业补贴与生产挂钩的成员国必须实施直接支付计划。直接支付计划与环境保护、食品安全以及动物福利标准紧密相关，并要求农田保持良好的农业生产及环境条件，通过给予这些方面更充足的资金支持，促使农业生产更具市场导向性、农产品更有市场竞争力、农民收入更稳定。

直接支付计划有不同的模式供欧盟成员国或地区选择。第一种模式是以农民历史上所获得的补贴为基数进行补贴，第二种模式是以土地为对象按照相同的支付标准进行补贴，第三种模式是上述两种模式的混合。三种模式在现实中均有采用，例如英国，英格兰采用第二种模式，苏格兰采用第三种模式。英格兰以每公顷320英镑的支付标准向大约10.5万个农场主发放SPS补贴，每年的补贴总量为 17 亿英镑。获得补贴的农民必须遵守相关的标准和规定，如16 项良好农业和环境条件标准、18 项法定管理要求以及保护一定的永久性草地、保持生物多样性等。这些标准和规定涵盖环境、食品安全、动物卫生与福利和植物卫生等方面。成员国可在授权范围内根据欧盟的法律法规制定自己的标准，并且可有多种选择方案。苏格兰每年向 2 万个农场主发放 5 亿英镑 SPS 补贴，资金全部来自欧盟，其中 2000 万英镑用于对牛犊的补贴，平均每头牛犊补贴 50 英镑。[①]

补贴对欧盟的农民非常重要。倘若没有补贴，英国 40% 的农场主将处于亏损状态。2011 年，苏格兰农业总产值和农业总投入均为 28 亿英镑，来自欧盟和苏格兰政府的农业补贴达 6 亿英镑。苏格兰 85% 的土地不适于耕种，农民收入主要来自政府补贴，位于山区土地质量较差的农场主对补贴的依赖性更强。因此，苏格兰政府与英国政府对补贴的看法不同，英国政府认为农民应逐渐减少直至摆脱对补贴的依赖，而苏格兰政府希望给予农民永久性补贴。法国总体上认同以农民收入支持替代农业价格支持的政策，因为法国农场主的投入小于产出，但收入仍要依靠补贴。法国认为欧盟的农民收入支持仍要在一定程度上同农业生产相关。

2009 年 1 月，欧盟委员会发布了旨在深化共同农业政策（CAP）改革的 7212009 号法令。2003 年以来，欧盟农业政策改革的重点内容是：欧盟的农业补贴不再与产量挂钩，更注重环境保护、食品安全和动物福利标准的遵守；在有稳定收入保障的前提下，农

---

① 农业部欧盟农业政策考察团：《从英法农业现状看欧盟共同农业政策的变迁》，《世界农业》2012 年第 9 期。

民自主决定种植的农作物种类；减少对大农场主的直接支付，节约的支出全部用于农村发展项目；实施"财政纪律"机制，防止超额支出；进一步削弱干预机制，增强农户对市场信号的反应能力。

2011年，欧盟开始讨论新的CAP改革议案，以确定2014~2020年的政策框架。对新议案，英国和法国都有自己的看法。英国希望在整个欧盟范围内减少直接支付，减轻农民对补贴的依赖，并通过市场引导增强农业竞争力。新议案关于要求农场主将7%的土地用于环境保护的规定，同英国希望提高粮食产量的想法有矛盾。英国希望新政策简单明了、执行力强、操作性好，能帮助各国更好地应对市场变化，能使农业更具竞争力。法国则希望新议案能给农民提供更大的支持，能赋予农民法律工具以便其更好地保护自己的利益，能在整个欧盟推广职业组织理念，将目前的水果、蔬菜产业链扩展到奶制品和肉制品等领域。法国希望新框架更加关注共同市场管理政策，健全风险管理工具，帮助生产者更好地应对市场风险。

扩展阅读　欧盟委员会提出共同农业政策预算财政纪律建议

2016财年共同农业政策（CAP）实施的财政纪律机制是：除保加利亚、罗马尼亚和克罗地亚外，对农户超过2000欧元的CAP直接支付减少1.39%，以保证该财年危机储备基金有4.42亿欧元。2015年的比率为1.3%，危机储备基金数额为4.33亿欧元。根据预算规定，欧盟委员会在3月底之前提出关于财政纪律的建议，并由部长理事会和欧洲议会在6月30日前确定。根据CAP立法，实施财政纪律筹集的资金若有结余，年终需偿还给农民。

资料来源：欧盟委员会网站，2015年3月30日。

（二）市场化取向的改革政策

1. 降低政府补贴与市场价格之间的联系

20 世纪 90 年代，美国开始实施"以市场机制为基础制定农业政策"的改革，改革的方向是减少生产补贴，补贴与生产脱钩，完全放弃生产计划。1990 年的《农业法》有三项改革。一是放松对农业生产的控制，采用"三基数计划"①，减少了计划作物生产的政府补贴。二是通盘考虑播种面积削减计划、农场储备计划和农产品期末库存量与消费量的比值三者的关系。例如，玉米库存与消费之比超过 25% 时，休耕面积增加 10% ~ 20%；玉米库存与消费之比在 0 ~ 25% 时，休耕面积增加 0 ~ 12.5%。同样，农场储备的多少也取决于玉米的期末库存量与消费量之比。三是进一步降低政府补贴与市场价格之间的联系。

1996 年美国出台的《联邦农业改进和改革法》，完全放开了对农业生产的控制，彻底取消了对农作物播种面积的限制，赋予农场主根据市场行情决定生产的权利，并首次从法律上明确政府对农业的支持和补贴同农产品市场价格脱钩。《联邦农业改进和改革法》规定，1996 ~ 2002 年，政府向农场主支付的现金补贴确定后，不再因农产品价格变化而做调整，并将现金补贴总额从 1996 年的 56 亿美元降至 2002 年的 40 亿美元，7 年的现金补贴总额降至 360 亿美元，1990 ~ 1995 年政府对农场主的现金补贴总额为 552 亿美

---

① "三基数计划"中的三个基数分别是作物播种面积基数、灵活耕种面积基数（合称允许耕作面积基数）和休耕面积基数。作物播种面积可以获得政府的目标价格支持；灵活耕种面积可以种植除水果和蔬菜以外的任何作物，能获得贷款率支持，但不能获得差额补贴；休耕面积可以获得转耕补贴。

元①。

2002 年的《农场安全与农业投资法》使政府补贴从补贴生产转为补贴收入，政府补贴成为收入分配的工具。

2. 作物保险计划

进入 21 世纪后，农业政策的主攻方向是降低农业生产的波动性，并将平滑生产者的收入水平作为平抑生产波动的手段。

2014 年，美国国会通过了《食物、农场及就业法案》。该法案以作物保险取代了 2002 年以来的直接支付、反周期支付和平均作物收入选择支付。其核心是向农场主提供新的和连续的作物保险产品，并确保生产者能抵御因价格和产量风险导致的损失。具体包括以下项目②。

（1）补充保障选择（Supplemental Coverage Option，SCO）是该法案新设的保险项目，于 2015 年的作物年度后生效。该项目为生产者提供 65% 的保费补贴（保费计算依据为县平均产量或平均收入，而不是每个农场的产量或收入）。如果生产者选择了农业风险保险或浅层次收入保障计划，就不能再选择 SCO 项目。

（2）浅层次收入保护计划（Stacked Income Protection Plan，STAX）是该法案针对高地棉生产者提供的一种新的保险产品，主要用来补偿"浅层次"收入损失，即低于作物保险条款承保一般标准的损失。该计划为生产者提供 80% 的保费补贴。生产者可以

---

① 詹琳：《美国农业政策的历史演变及启示》，《世界农业》2015 年第 6 期。

② USDAERS, *Agricultural Act of 2014*: *Highlights and Implications*: *Crop Insurance*, http://www. ers. usda. gov/agricultural – act – of – 2014 – highlights – and – implications/crop – insurance. aspx 1/3.

以某种已有的联邦保险计划为基础，以 STAX 计划为补充，也可以直接单独购买一份 STAX 计划。

（3）未保险作物援助项目（Noninsured Crop Assistance Program，NAP）向生产者提供因天气造成的损失的赔偿，针对的是未被作物保险覆盖的情况。该项目允许额外的"整个埋单"，可以实现农业巨灾风险保障。在单个作物年度，每个农场主可获得的未保险农作物援助项目的赔偿不能超过 12.5 万美元。

（4）美国农业部风险管理局直接制定的联邦作物保险计划，通过开发花生收入保险（2015 年年初实施）和研究一系列新的农业保险产品，如生物质能源作物、鲶鱼、苜蓿、家畜疾病和农场多元化经营、农场经营中断等，进而将难以利用现有保险产品得到服务的农业产品及项目纳入农业保险体系。

美国于 2014 年出台的农业法案最引人注目的改革亮点是正式废除实施了十多年的直接支付计划，改为实行作物保险计划。这一改革的首要目的是降低财政赤字。美国国会预算办公室预计，在未来 10 年内，废除直接支付、反周期支付和平均农作物收入选择支付将分别减少财政支出 408.45 亿美元、15.19 亿美元和 47.18 亿美元，可帮助削减商品项目开支 143.07 亿美元，从而对减少财政赤字做出贡献。

新保险制度的补偿机制是由基期种植面积和基期产量确定的，不再涉及实际种植面积，消除了种植面积对补贴的影响，降低了资源错配的风险，减少了社会净损失，是一种相对有效的补贴机制。同时，与直接支付相比，作物保险计划具有更强的针对性，即只有真正受到风险冲击的农户才能得到补贴，而那些拥有土地却不从事农业生产的人得不到任何补贴。美国农业部的统计数据显示，在过去的 20 年里，10% 的受益者获得了农业补贴总额的 75%，而 62% 的农民没有得到任何补贴，大部分农民只能通过购买作物保险化解收入风险。在新旧政策过渡的 1995～2012 年，农民用于缴纳保费的支出从 6.54 亿美元增加到 41.21 亿美元，政府的保费补贴和用于保险项目的开销也显著增加，并大大超过了直接支付计划的开支。

3. 欧盟共同农业政策中的人力资源政策

第一，改善农场基础设施。收入低于当地非农业人口且符合以农业为主要职业、具有职业专长、同意建立账目、制订发展计划并得到有关部门批准 4 个条件的农场主，政府为其购买和租赁土地、修建水利设施并提供低息贷款。所需资金的 25% 由欧洲农业指导与保证基金提供，其余由本国政府提供。

第二，提升农场的机械化和规模化水平。欧盟鼓励老年农场主放弃农业生产，减少农业就业人口，扩大农场规模。对于年龄在 60～65 岁、愿意放弃农业生产的老年农场主实行退休补贴政策，鼓励青壮年劳动力参与农业经营，政府提供创业支持资金和投资补助等。

第三，提供技术指导、职业培训等服务。欧盟成员国根据各自的农业发展状况，建立农业服务机构，对农场主进行培训，帮助其提高职业技能、掌握先进技术、熟悉市场信息。接受培训的农场主可获得一定的生活津贴，以提高其参与培训的积极性。

第四，扶持贫困地区农业发展。对因地形、气候等条件限制农业生产困难的地区，政府实施贷款优惠政策，给予资金援助，并根据农场的规模发放补贴。

第五，建立欧盟农业农村基金并且规定，用于培训农民、提高农民综合竞争力的发展基金比例不低于 10%；用于实现农村经济多元化、资助新兴产业的发展基金比例不低于 10%[①]。

三 保障环境安全

20 世纪 90 年代初，美国、欧盟和日本都遇到了农业增长对环境施加的压力。过去认为，农业是环境健康和可持续的产业，是农村地区的主导产业，稳定增长的农业收入是确保农村经济充满活力的基础，这也是实施农业支持政策的依据。但现在的认识有所不同。大规模、集约化、以化学品投入为主的农耕制度是不可持续的，这样的"现代"农耕不值得支持和鼓励。对于化学农业的态度，美国的转变已经非常明显，欧共体也正在转变之中。所以，农业支持政策要激励农场主采用资源节约、环境友好的农业生产方式。随着经济发展水平和居民收入水平的不断提高，社会上关于消除化学农业负面影响的呼声越来越大，关于重视环境安全的要求越来越高。针对这种变化，美国、欧盟等发达国家和地区在政策上采取了一系列措施。

(一) 美国农业环境政策支持

1985 年，针对长期实施与环境保护脱节的农业生产者补贴带来的生产者的污染行为，美国国会通过了《食品安全法案》和"农夫条款"，将农业补贴与环境保护联系起来，要求在易遭受侵

---

① 张虎：《发达国家农业支持政策的经验及启示——以美国、日本、欧盟为例》，《技术经济与管理经济》2015 年第 12 期。

蚀的土地上耕种的农民执行"水土保持计划"和"保护承诺计划"，并自觉定期检查自己农场所属区域的野生资源、森林、植被情况，对土壤、水质、空气进行检验测试，并向有关部门提交报告，否则会失去政府的财政补贴。

为了以规划为依托开展农业生态保护工作，2002 年以来美国先后制订了一系列规划。主要有土地退耕、休耕规划，防止水质污染补偿规划，湿地保护规划，草地保育规划，水土保持规划，环境质量激励规划，野生生物栖息地保护规划等，并通过现金补贴和技术援助等方式，引导农民自愿参与农业生态保护规划。而后，联邦政府和多数州政府又对生产使用农药、化肥造成环境污染者征收环境污染税，用于资助农业环保规划。2002～2007 年，联邦政府对农业生态环境保护的补贴金额为 220 亿美元，每年参与到农业生态保护规划的农田超过 1200 万英亩。

2009 年，美国农业部对使用缓控释肥的用户给予补贴，补贴标准为每公顷 30～50 美元，这一举措加快了缓控释肥的推广应用，减少了农业面源污染。

自然保护规划是 2014 年的美国农业法案的三个重要组成部分之一。新的自然保护规划仍然分为自愿参加和强制规定两部分。其中，休耕储备规划（Conservation Reserve Program，CRP）、耕地规划（Working Lands Program）、地役权规划（Easement Program）和区域合作规划（Regional Partnerships Program）属于自愿参与部分，为激励生产者和土地所有者参加这些规划，政府给予他们财政和技术援助；资源保护条款（Conservation Compliance）和草场保护条款（Sodsaver Provisions）属于强制规定部分，政府通过提供作物保险补贴，达到控制生产者种植行为的目的。由于休耕储备规划

（CRP）不仅可以很好地保障土地、水资源的可持续利用，还可以有效地解决农产品过剩、价格过低的问题，自 1985 年实施以来迅即成为所有自然保护规划中最受关注的规划。耕地规划中的环境质量激励规划（Environmental Quality Incentives Program）和保育守护规划（Conservation Stewardship Program）的地位亦逐年上升。这两项旨在运用技术和资金手段支持种植者在生产中保护资源的规划预算占 2014 年农业法案中全部自然保护规划预算的 50% 以上。

事实上，20 世纪 30 年代颁布的第一部农业法案就把自然保护规划作为必不可少的组成部分。该规划最早致力于解决土壤侵蚀和土壤肥力流失等问题，后来逐渐演变为为整体生态环境提供全方位服务和支持。时至今日，该规划已经拓展为保护土地资源、水资源、野生动植物资源和其他自然资源的综合规划。2014 年的农业法案基本保留了自然保护规划的整体内容，并将作物保险补贴额度和自然资源保护行为连接起来，鼓励并督促农业生产者在从事生产活动时尽可能地减少对环境的破坏。

（二）欧盟的农业可持续发展支持政策

1. 设置农业生态补偿基金

1994～1999 年，欧盟从农业结构基金中划拨 91 亿欧元用于欠发达地区的农业生态补偿基金，主要包括如下方面。（1）生态敏感区保护补贴。在生态敏感区从事农业生产的农户，由于保护生态环境而造成收入的减少，可以获得补偿。根据生态环境的敏感程度，每公顷农地可得到的生态补偿金额为 25～200 欧元。（2）环境保护补贴。欧盟各成员国根据实际环境容量，制定了适合本国环境要求的农业生产标准，如单位土地最大化肥施用量、单位草地最大载畜量、坡地耕作条件等，这是农民不可突破的底线。对减少化学肥料、农药用量和强化耕作条件的农户予以环境保护补贴。1993～1997年，欧盟共拨出约50亿欧元用作环境保护补贴。如果农民违反要求，将削减乃至取消补贴。（3）生态补贴。对保护农村自然风光和生物遗传多样性的农业生产活动，以及采取休耕和把农田变为草地、林地，以利于野生动植物生长和水源涵养的行为，给予补贴[①]。

2. 收取生态环境保护税

欧盟为保护农业生态环境而计征的税种主要有垃圾税、水污染税、土壤保护税、地下水税、超额粪便税，还有依据氮、磷含量征收的化肥税等。

3. 健全生态标识制度

鉴于农区的生态环境对农产品品质有重要影响，欧盟一些国家制定了农产品标识，自然保护区、生态功能区及其他特定保护区标识等生态标识制度。德国是最早制定生态标识制度的国家，农场主必须按照有机农业的标准进行农业生产，并贴有有机产品标识。贴有生态标识的农产品的价格较高，它在一定程度上体现了政府对农民保护生态的活动的补偿。

4. 农业可持续发展支持政策

从20世纪90年代起，欧盟农业政策越来越关注农业可持续发展。为了鼓励农民按照"良好农业规范"的要求应用适宜的资源节约、环境友好的生产模式，引导农民将农场7%的土地用于环境保护，CAP新议案提出，在维持原有支持规模的基础上，将30%

---

① 段禄峰：《国外农业生态补偿机制研究》，《世界农业》2015年第9期。

的 SPS 补贴用于农业环境保护。欧盟法规列出了每个国家的"良好农业规范"的最低要求，涵盖了防止水土侵蚀、保留土壤有机质、保持土壤结构和防止栖息地退化等保护措施。

除了 SPS，英国还注重支持农村发展。2007～2013 年苏格兰农村发展资金预算总额为 10 亿英镑，其农村发展支持计划有 3 大项。一是欠肥沃地区支持计划（Less Favoured Areas Support Scheme），每年的资金总额为 6000 万英镑，欧盟和苏格兰政府各承担 50%，向 1.2 万个农场提供支持，主要是养殖肉牛和羊的农场。补贴数额依据农场土地的质量和区位的远近来测算，低的 5～10 英镑/公顷，高的 30～40 英镑/公顷。该计划与 SPS 相同，是普惠性的，大部分或所有农场都能得到。二是土地经营者选择项目（Land Managers Options），每年的资金总额为 2000 万英镑，欧盟和苏格兰政府各承担 50%，用于小规模的环境保护或培训项目。该项目不是普惠性的，只有申请者能够得到，一个农场的年资助额最多不超过 5000 英镑。三是乡村优先项目（Rural Priorities），每年的资金总额为 6200 多万英镑，欧盟和苏格兰政府各承担 50%，用于支持大型、复杂的乡村发展项目，如禽类保护、农地环境保护、社区发展项目等。该项目也不是普惠性的，有些项目要求申请者配套部分资金（农业部欧盟农业政策考察团，2012）。

（三）日本

日本于 1999 年出台了新农业法，该法的内容主要有四个方面。（1）提高食物的自给率。日本的食物自给率从当时的 40% 提高到 2010 年的 45%。（2）发挥农业多功能的作用。除了生产功能以外，强调农业在涵养水源、净化空气、提供优美景观和继承传统文化等多方面的作用。(3) 促进农业可持续发展。通过调整农业结构、保护农业环境、加强农业基础设施建设和制定保护农业资源与环境的政策等措施，建立一个可持续发展的农业生产系统。(4) 振兴农村。通过加大对山区的投入，实现地区及城乡的协调发展。

第三章 改革开放以来农业供给侧的变化

一 农业供给侧问题的提出及基本内容

（一）农业供给侧问题的提出

在供不应求的短缺经济时代，经济领域的主要任务是增加产出，保障供给。国民经济在跨越短缺阶段之后，客观上不再具备单纯增加产出的条件，于是供给侧结构性改革的诉求应运而生。就此而言，我国于20世纪末基本实现农产品供需平衡之后，就有了开展供给侧结构性改革的要求。倘若我国只是面临这样的问题，农业供给侧结构性改革就是优化自己的农业生产结构，去掉过剩的产能和库存。然而随着全球经济一体化的推进，我国农业面临的主要问题是生产的那些缺乏市场竞争力的农产品因被国外农产品替代而积压在仓库里。此时农业供给侧结构性改革的任务是根据世界农业状况构建国际竞争力强劲的农业生产结构，而绝不是根据自己的供需状况优化农业生产结构，更不会像减少库存量大的玉米种植面积、扩大进口量大的大豆种植面积那样简单。大豆进口量大是因为我国大豆的国际竞争力更低，用竞争力更低的大豆替代竞争力相对低的玉米，除非采取抵制全球经济一体化的策略，否则是不符合经济学逻辑的。

　　我国在相当长的时期内一直是农产品出口国，为什么会在很短的时间里就变成了进口大国呢？应该肯定的是，工业化和城镇化的快速推进是其中的重要原因，但并不是它的全部原因，甚至不是它的主要原因。最为主要的原因是国内农产品成本和农产品价格上涨得太快。

　　从图 3-1 可以看出，在 1948~2014 年的 66 年里，美国农业的总产出也有很多波动，但增长趋势较为明显。农业总投入增长的趋势不太明显，且投入波动小于产出波动，尤其是最近 20 年，农业投入相对稳定。全要素生产率的变化同农业产出增长的变化较为相近，说明农业产出增长主要来自全要素生产率的增长。

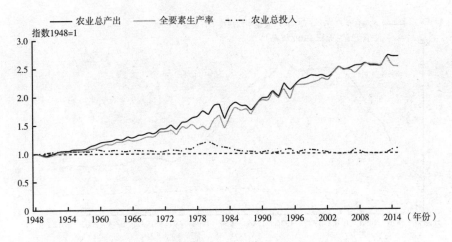

图 3-1　美国农业产出、投入和全要素生产率

资料来源：美国农业部经济研究局。

　　从图 3-2 可以看出，在 1850 年至 1954 年的一百多年里，美国的耕地面积是逐渐增加的，但增加的数量具有递减的特征。1954

年至 2012 年，美国的耕地面积有所减少，但减少的数量递减，具有逐渐趋于稳定的特征。20 世纪 30 年代的经济大危机导致美国工人大量失业，部分工人不得不回到农村种地，这是美国农场数量在这一时期达到最大值的主要原因。经济危机过去后，美国再次出现农业劳动力转移，农场数量急剧下降的趋势一直延续到 1975 年。1975 年以后，美国农业劳动力转移基本完成，农场数量的减少明显地慢下来了。从 1860 年到 1880 年的 20 年里，由于小农场大量增加，美国农场的平均规模是趋于变小的。1880 年后，农场平均规模开始变大，直到 1944 年左右才恢复到 1850 年的水平。1944年至 1974 年的 30 年里，农场平均规模不断扩大。1974 年美国农场平均规模达到 500 英亩，而后农场平均规模有波动，但基本上没有超过 500 英亩。

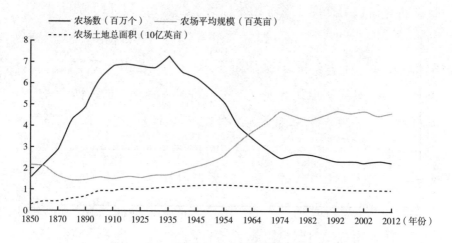

图 3-2 农场数、农场总面积和农场平均面积

资料来源：美国农业部经济研究局。

做以上分析是为了说明，第一，城市就业的稳定性非常重要。一旦发生经济危机，部分城市人口仍会返回农村从事农业，造成又一轮的毁林毁草开荒。① 第二，土地平均经营规模会维持在一个适宜的水平上，不会变得越来越大。各国的资源禀赋不一样，适宜的土地经营规模也不一样，但它们都会在达到适宜经营规模之后稳定下来，这个状态可能是一样的。第三，农业人口未减少到总人口的10%以下，农业劳动力转移就还没有完成。我国农业目前的主要问题是越来越多的农民不愿从事超小规模的农业生产，而不是无人愿意从事农业生产，所以，应采取的政策是通过土地流转，以满足职业农民所需的适度经营规模的要求。

（二）主要分析对象

分析改革开放以来农业供给侧的变化，首先要界定它的研究对象。

1. 农产品

农产品的种类和数量非常多，受时间、精力和能力所限，无法将它们全部纳入分析框架。本章重点讨论谷物、畜禽、果蔬、鱼类等主要农产品。

2. 农业生产要素

基于同样的原因，本章只分析土地、劳动力、化肥、机械这几个较为重要的生产要素。

3. 农业经营方式

主要分析制度变迁、组织变迁和技术变迁引发的农业经营方式的变化。

---

① 美国经济复苏以后，这些新开垦的耕地被州政府收购并种上了树，成为现在的州森林公园。

（三）需把握的要点

1. 瞄准农业而不是"三农"

农业供给侧结构性改革的研究应该结合农村和农民，但必须聚焦于农业。将"三农"视为一个整体看似全面，但不利于深化研究。

2. 瞄准供给而不是需求

农业供给侧结构性改革的研究应该结合需求，但必须聚焦于供给，将供需视为一个整体看似系统，但不利于深化研究。应该肯定的是，将供需作为一个整体构建更为完整的经济学理论框架是非常必要的，但它不是以农业供给侧结构性改革为题目的研究内容。

3. 瞄准市场竞争力而不是笼统的农民的农业收入

农业供给侧结构性改革的研究应该结合农民的农业收入，但必须聚焦于农业竞争力。把农业竞争力与农民的农业收入联系在一起看似完整，但不利于研究的深化。所谓农业发展，就是从扩大农场经营规模、改进农业生产结构、提升农产品质量、降低农业生产成本等方面提高农业竞争力。上述各方面都没有任何改进的农户，他们的农业收入是不应该增加的，政府把保障这部分农户的农业收入的增长作为自己必须履行的责任，显然是不适宜的。换言之，只有从事现代农业的职业农民的农业收入会逐渐提高，提高的幅度则取决于农业竞争力提高的幅度，对于停留在传统农业阶段的农民，政府可以通过其他方式提高他们的收入，但不宜通过农业补贴提高他们的农业收入，否则就会延缓传统农业改造或现代农业发展的进程。

（四）宏观环境变化

1. 短缺经济向剩余经济转型

近些年来，我国市场上已经看不到农产品短缺的现象了。我国的人均农产品消费量不仅全面超过了世界平均消费水平，而且达到了东亚其他经济体的平均消费水平。在全球化的背景下，农业供给侧结构性改革面临的是有效供给和无效供给的问题，而不再是紧平衡和松平衡的问题。然而，我国农业主管部门的注意力仍停留在农产品供需处于紧平衡还是松平衡的观察和判断上。这种认识不加以调整，就不会把注意力从笼统的总供给量转移到有效供给总量上来。

2. 计划经济向市场经济转型

改革开放以来，市场机制在我国农业中的作用范围逐渐扩大，影响程度逐渐提高，但现实中依然存在着将农业转型视为"侍女农业"向"公主农业"转型的倾向，以为农业是市场机制不宜发挥决定性作用的特殊部门，并将原先农业为工业化、城镇化做贡献的政策改为工业化、城镇化为农业做贡献的政策。近些年来用于农业的财政转移支付越来越多而农业竞争力并没有提升的事实表明，这种做法会贻误现代农业的发展，贻误市场经济体制的转型，从长远看一定是得不偿失的。

3. 封闭经济向开放经济转型

随着我国加入世界贸易组织 10 年过渡期的结束，我国农业的开放程度会显著提高。短缺经济中的总供给都是有效供给，封闭经济中低于总需求的供给都是有效供给，开放经济中的国内供给不一定是有效供给。我国面临的正是这种情况。按照

WTO 的规则，中国政府可以在规则允许的范围内提高国内生产的玉米的收购价格，但没有权力阻止企业购买国外低价玉米，于是造成国产玉米大量积压。政府的玉米收购价提高得越快，农民生产玉米的积极性就越高，降低生产成本的紧迫性就越低，企业进口玉米及其他等价物的积极性越高，国内玉米库存积压就越大。

二　农业生产的变化

（一）农业主导类型的变化

1. 雨养农业主导转向灌溉农业主导

中国农民在农闲时的一项重要工作是为农田创造灌溉条件。从图 3 – 3 可以看出，1949 年中国农田有效灌溉面积为 1592.9 万公顷，占耕地总面积的 13.5%。这是中国农民数千年努力的结果。1978 年农田有效灌溉面积增加到 4496.5 万公顷，约占耕地面积的

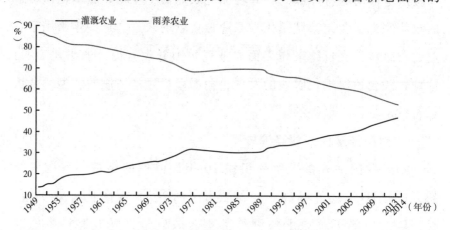

图 3 – 3　中国灌溉农业与雨养农业的结构变化

30%，尚未成为主导农业。2014年有效灌溉面积增至6454.0万公顷，占耕地面积的47.7%。由于灌溉农田的平均生产力高于其他农田的平均生产力，按农业增加值计算，灌溉农业已经成为中国的主导农业。从发展趋势看，灌溉农业主导的特征会变得越来越明显。

2. 种植业主导转向养殖业主导

从图3-4可以看出，1978年我国种植业产值占农业总产值的81.0%，养殖业产值占农业总产值的16.6%；2012年种植业产值的份额减至52.5%，养殖业产值的份额升至40.1%。从发展趋势看，养殖业产值所占份额很快就会超过种植业产值，中国农业也将成为养殖业主导的农业。

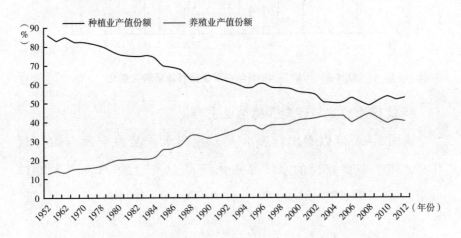

图3-4　中国种植业和养殖业占农业总产值份额的变化

3. 分散养殖主导转向规模养殖主导

养殖业经营规模在饲料加工业迅猛发展的拉动下快速扩大，散户养殖基本消失。进入21世纪后，中国养殖业的一个极为显著的变化是规模化饲养方式快速替代了分散化饲养方式。中国的猪肉消费量占肉类消费总量的64%，下面以生猪生产为例分析规模化饲养的进展。直至 20 世纪末，中国 90% 以上的生猪仍由农户散养。最近十多年来，生猪规模化养殖快速发展。2007 年年出栏 500 头以上的规模化养殖场出栏的生猪占全国出栏生猪总量的 22%，2015 年已达到 50%（见图 3-5）。

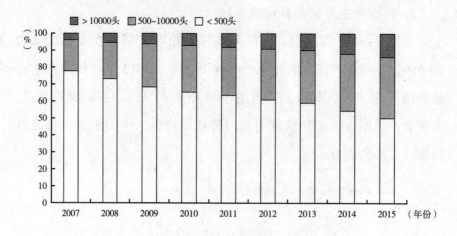

图 3-5 2007~2015 年中国生猪养殖结构的变化

4. 捕捞渔业主导转向养殖渔业主导

从图 3-6 可以看出，1978 年，我国水产品总产量为 465.34 万吨，其中来自捕捞的水产品占水产品总产量的 73.96%。2012

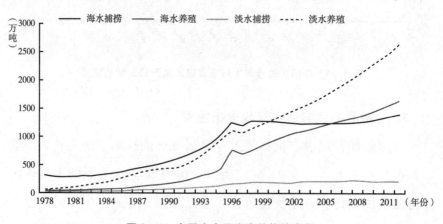

图 3-6 中国水产品生产结构的变化

年，水产品总产量达到 5907.67 万吨，其中来自养殖的水产品占水产品总产量的 72.59%。

（二）农业生产要素的变化

1. 耕地

耕地的主要变化是面积减少和复种指数下降。从图 3－7（图 3－7 利用笔者重建的耕地面积数据绘成，重建的理由、方法、过程和结果请参见社会科学文献出版社 2017 年 9 月出版的《中国农业改革与发展》第 93 页至第 99 页）可以看出，1978 年至 1984 年期间我国耕地面积从 14346 万公顷增加到 14662 万公顷，增加了 316 万公顷，增长了 2.2%。农业分户经营后农民想方设法开垦土地，是这几年耕地面积增加的主要原因。1984 年以后，耕地面积趋于下降。2000 年至 2003 年耕地面积下降最快，退耕还林是这四年耕地面积加速下降的主要原因。2008 年以来，耕地面积下降速度明显放缓。从图 3－8 可以看出，改革初期的复种指数逐渐上升，在 1996 年前后达峰值，随后缓慢下降。这是农民将农产品产量最大化目标改为农业纯收入最大化目标的结果。

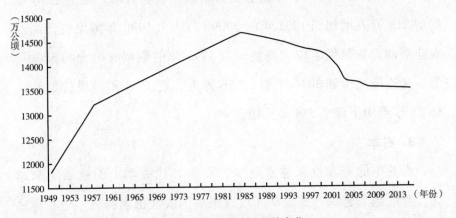

图 3－7 我国耕地面积的变化

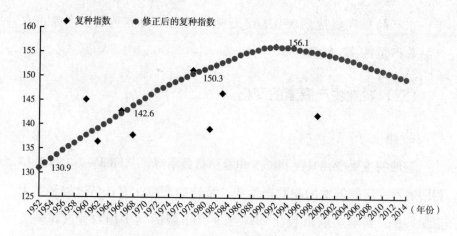

图 3 - 8 我国农业的复种指数

资料来源：郭柏林：《我国复种指数变化特征、效益和潜力》，《经济地理》1997 年第 17 期；闫慧敏等：《近 20 年中国耕地复种指数的时空变化》，《地理学报》2005 年第 60 期。

2. 劳动力

留在农村经营农业的农民数量逐渐减少，农业劳动力数量不断下降。改革开放以来，农业劳动力占劳动力总量的份额由 1978 年的 70.5% 减少到 2014 年的 29.9%，减少了 40.6 个百分点，年均减少 1.13 个百分点，下降趋势较为明显；农业劳动力先由 1978 年的 28318 万人增加到 1991 年的 39098 万人（1990 年国家统计局对农业劳动力数量做了较大调整，对 1991 年的数据有很大的影响），随后又逐渐减少到 2014 年的 23076 万人。前 13 年年均增长 2.5%，后 23 年年均下降 2.3%（见图 3 - 9）。

3. 资本

农业中的资本投入越来越多，资本替代劳动力的范围越来越大、程度越来越深，是改革开放以来中国农业出现的另一个非常显著的变化。这也是农业劳动力数量能够在农业产出不断增加的趋势

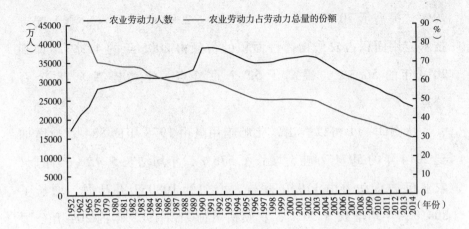

图 3-9 我国农业劳动力数量和占劳动力总量的份额

注：2014 年为估计数，汪传敬的估计为 22669 万人（中国社会科学院农村发展研究所、国家统计局农村社会经济调查司：《中国农村经济形势分析与预测（2015）》，社会科学文献出版社，2015，第 54 页）。

资料来源：国家统计局历年《中国统计年鉴》。

下逐渐减少的重要原因。

从图 3-10 可以看出，我国农业的综合机械化率由 1978 年的 18.8% 提高到 2014 年的 61.0%，提高了 42.2 个百分点，年均提高 1.17 个百分点；种子商品率由 1990 年的 20% 提高到 2014 年的

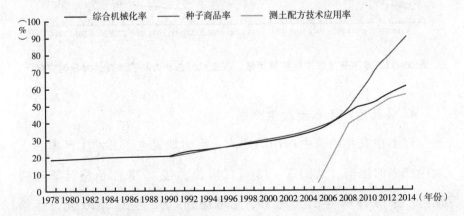

图 3-10 改革开放以来农业综合机械化率、种子商品率和测土配方技术应用率的变化

90%，提高了 70 个百分点，年均提高 2.92 个百分点；测土配方技术应用面积占农作物播种面积的份额由 2005 年的 4.3% 增加到 2014 年的 56.3%，提高了 52 个百分点，年均提高 5.78 个百分点。

从图 3 - 11 可以看出，化肥施用量由 1978 年的 884 万吨增加到 2014 年的 5971 万吨，增长了 575%，年均增长 5.45%；同期，农业机械总动力由 11950 万马力增加到 108057 万马力，增长了 804%，年均增长 6.36%；农膜覆盖面积由 1988 年的 204 万公顷增加到 2014 年的 2758 万公顷，增长了 1252%，年均增长 9.74%。

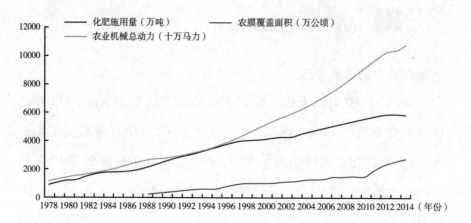

图 3 - 11　改革开放以来化肥施用量、农业机械总动力和农膜覆盖面积的变化

4. 劳动生产率和土地生产率

资本在农业增长中作用的增大，有力地促进了劳动生产率和土地生产率的提高。从图 3 - 12 可以看出，按 1978 年价格计算，劳动生产率由 1978 年的人均 493 元增加到 2016 年的 5320 元，年均增长 6.5%。同期，土地生产率由平均每公顷 779 元提高到 4738

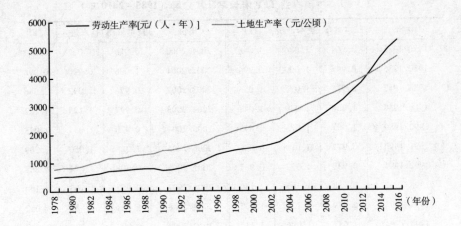

图 3 - 12　改革开放以来中国农业的劳动生产率和土地生产率变化

元，年均增长 4.9%。

5. 全要素生产率

我们的研究表明，1985～2010 年，中国农业的全要素生产率每年提高约 1 个百分点（Zhou Li，Haipeng Zhang，2013）（见表 3 - 1）。进一步细分，1985～2010 年农业技术进步的年均增长率为 5.1%，它有力地推动了中国农业全要素生产率的增长；农业技术效率的年均增长率为 -1.2%，它消减了农业技术水平提高的部分效果。

从表 3 - 2 可以看出，中国粮食生产的技术效率为 0.795，有较大的改进空间，规模效率为 0.957，改进空间相对较小。许庆等人的研究表明，扩大土地经营规模的主要作用是降低生产成本，经营规模每增加一亩可降低的成本在 2%～10%，即农业经营规模的扩大对农民增收有显著的作用，对增加粮食产量的作用微乎其微（许庆等，2011）。

表 3 – 1　中国农业 TFP 增长率及其分解 （1985 ~ 2010 年）

年份	技术效率	技术进步	TFP	年份	技术效率	技术进步	TFP
1986/1985	0.964	1.086	1.048	2001/2000	0.986	1.027	1.012
1987/1986	0.997	1.000	0.996	2002/2001	1.006	0.990	0.996
1988/1987	0.978	1.077	1.053	2003/2002	0.976	1.092	1.066
1989/1988	1.008	1.039	1.047	2004/2003	0.997	1.125	1.122
1990/1989	1.007	1.025	1.033	2005/2004	0.970	1.055	1.023
1991/1990	0.972	1.014	0.986	2006/2005	1.208	1.050	1.269
1992/1991	0.939	1.052	0.987	2007/2006	0.808	1.074	0.868
1993/1992	0.988	1.165	1.150	2008/2007	0.997	1.103	1.100
1994/1993	0.979	1.120	1.097	2009/2008	1.021	1.030	1.052
1995/1994	1.047	1.096	1.147	2010/2009	0.992	1.028	1.020
1996/1995	0.989	1.061	1.049	1989/1985	0.983	1.058	1.036
1997/1996	0.954	1.030	0.982	1995/1990	0.988	1.077	1.064
1998/1997	0.992	0.952	0.944	2003/1996	0.987	1.015	1.001
1999/1998	1.025	0.970	0.994	2010/2004	0.993	1.066	1.059
2000/1999	0.966	1.008	0.973	2010/1985	0.988	1.051	1.038

注：全国指数通过各省份指数的几何平均得到。

表 3 – 2　中国粮食生产效率

地区	技术效率	规模效率	地区	技术效率	规模效率	地区	技术效率	规模效率
北京	0.766	0.999	安徽	0.786	0.878	四川	0.861	0.810
天津	0.745	0.980	福建	0.795	0.940	贵州	0.708	0.940
河北	0.748	0.907	江西	0.834	0.995	云南	0.574	0.998
山西	0.570	0.984	山东	1.000	0.905	西藏	1.000	1.000
内蒙古	0.719	0.951	河南	1.000	0.831	陕西	0.524	0.985
辽宁	0.868	0.993	湖北	0.864	0.954	甘肃	0.536	0.974
吉林	1.000	1.000	湖南	0.908	0.971	青海	0.623	0.960
黑龙江	1.000	1.000	广东	0.796	0.951	宁夏	0.625	0.997
上海	1.000	1.000	广西	0.698	0.966	新疆	0.954	0.957
江苏	0.989	0.938	海南	0.648	0.961	全国	0.795	0.957
浙江	0.917	0.969	重庆	0.596	0.980			

资料来源：杨天荣：《基于我国粮食区域专业化生产的效率分析》，《西南农业大学学报》（社会科学版）2009 年第 6 期。

（三）农产品产量的变化

1. 粮食

1978～1980 年和 1996～2000 年两个时期，年均粮食产量由 31915 万吨增加到 49631 万吨，年均增长 2.23%。2000 年至 2003 年，粮食产量出现滑坡。随后年均粮食产量继续上升，由 2001～2005 年的 45878 万吨增加到 2011～2015 年 59824 万吨，年均增长 5.31%。

2. 其他主要农产品

1978～1980 年和 2011～2015 年两个时期，棉花的年均产量由 236 万吨增长到 630 万吨，增长了 167%，年均增长 2.8%；油料的年均产量由 645 万吨增长到 3461 万吨，增长了 437%，年均增长 4.9%；蔬菜的年均产量由 1991～1995 年的 25727 万吨增加到 2011～2015 年的 73371 万吨，增长了 185%，年均增长 5.4%。

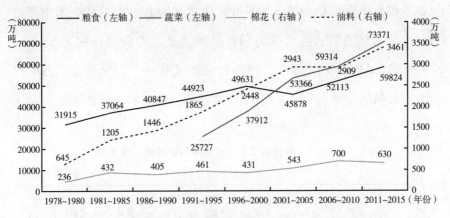

图 3-13　改革开放以来中国粮食、棉花、油料、蔬菜产量的变化

3. 主要农产品人均占有量增加

在粮食增产和人口增长减缓的共同作用下，2012 年，中国人

均粮食产量435.4公斤，分别比1978年和2000年高出116.4公斤和69.3公斤。同期，猪牛羊肉分别高出45.5公斤和17.0公斤；水产品分别高出38.7公斤和14.2公斤；牛奶分别高出27.7公斤和21.1公斤；油料分别高出20.2公斤和2.3公斤；棉花分别高出2.8公斤和1.6公斤。

（四）农业空间结构的变化

粮食生产的空间集中度有逐渐提高的趋势。2010年，粮食生产规模最大的115个县生产了全国25%的粮食，234个县生产了另外25%（即25%～50%）的粮食，407个县完成第三个25%的产量，余下的1293个县生产了最后25%的产量。与2000年相比，生产粮食总产量50%的县从419个减少到349个，减少了70个，生产粮食总产量75%的县从834个减少到756个，减少了78个。

从表3-3可以看出，稻谷、小麦、玉米三种粮食作物的生产集中度高于粮食生产的集中度。2009年，生产出稻谷、小麦和玉米总产量第一个25%的县数占生产这三种产品的总县数的份额分别为5.47%、3.36%和2.43%，均低于生产出粮食总产量第一个25%的县数占生产粮食总县数的份额（6.05%）。集中度最高的是玉米，小麦其次。

表3-3　粮食与三个主要品种的空间集中程度

单位：%

区间	粮食		稻谷		小麦		玉米	
	县数	比重	县数	比重	县数	比重	县数	比重
0～25%	124	6.05	76	5.47	54	3.36	47	2.43
25%～50%	235	11.47	134	9.64	95	5.92	138	7.14
50%～75%	404	19.72	235	16.91	172	10.71	282	14.59
75%～100%	1286	62.76	945	67.99	1285	80.01	1466	75.84
总计	2049		1390		1606		1933	

（五）规模化

　　种植业经营规模在土地流转的拉动下渐渐扩大，达到适度经营规模的农户数量逐渐增加。1996～2006 年，土地经营规模适度的农户比例有所上升。经营规模为 15～30 亩的农户数呈现缓慢增长趋势，由 1996 年的 949.7 万户增加到 2006 年的 1018.7 万户，年均增长 7 万户；占比由 1996 年的 4.91% 增加到 2006 年的 5.09%。同期，经营规模为 30～100 亩的农户数和占比呈现快速增加趋势。其中经营规模为 30～50 亩的农户由 284.1 万户增至 302.9 万户，占比由 1.47% 增加到 1.51%。经营规模为 50～100 亩的农户数由 75 万户增至 145.9 万户，占比由 0.39% 增加到 0.73%，几乎翻了一倍。经营规模为 100 亩以上的农户数和占比增长得更快，由 10.3 万户增加到 42.9 万户，增长了 3 倍；占比由 0.06% 增加到 0.21%，增加了 2.5 倍。

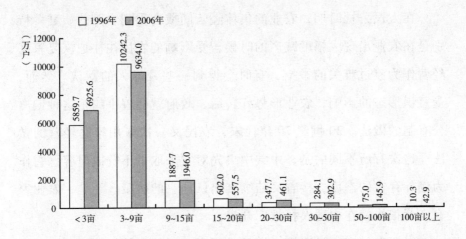

图 3-14　1996 年和 2006 年农户的土地经营规模分布情况

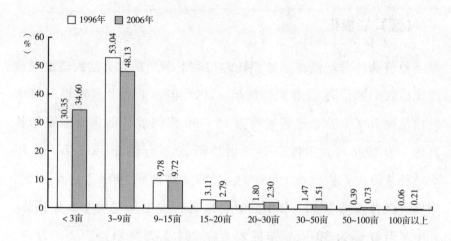

图 3 - 15　1996 年和 2006 年农户土地经营规模结构占比

三　农业经营方式的变化

（一）从集体经营转向家庭经营

在人民公社时期，农业的集体经营间或会受到农民的质疑。特别是在农业出现大幅度减产的时候，受影响的农民往往把恢复家庭经营作为渡过难关的举措，有时会得到一些领导人的默认。然而，受意识形态的影响，农业形势好转后，政府就会着手纠正这种偏离公有制的做法。20 世纪 70 年代末，农民又一次采用家庭经营的做法。这次有所不同的是，中共中央先对它采取了不赞成但容忍它作为例外存在的态度，接着又陆续推出认同它的政策。于是，农业家庭经营很快就在中国农村推广开来。

农业实行家庭经营极大地促进了农业增长。数据显示，1978 ~ 1984 年，中国农业产出平均每年增长 7.7%。按照生产函数估算，其中46.89%来自家庭联产承包责任制改革带来的生产率提高（林毅夫的估计为42.2%）。同期，粮食产量由3.04亿吨增加到4.07亿吨；农民人均纯收入从133.6元增加到355.3元；农村贫困人口的绝对数量从2.5亿人下降到1.3亿人，贫困发生率从30.7%下降到15.1%。

（二）从分散经营转向适度规模经营

体制转型的功效往往是一次性释放完毕的，以家庭经营替代集体经营的作用也是如此。1984年中国农业几乎都实行了家庭经营，家庭经营对农业增长的贡献也达到了最大值。1985年以后，农业发展的任务是在坚持家庭经营的前提下，培育新型农业经营主体，逐步由传统农业向现代农业转型。这个转型在20世纪的最后15年进展缓慢，进入21世纪后进展逐渐加快，但还远远没有完成。

1. 从土地流转入手发展家庭农场

截至2013年年底，中国有26369.4万个农户参与土地承包经营。其中经营耕地10亩以下的农户占承包户总数的85.96%。除了蔬菜、花卉等劳动密集、资本密集和高附加值的生产项目外，农户很难在不到2/3公顷的土地上发展现代农业。于是，不少农民开始在农村从事非农产业，接着又进城从事非农产业。随着这部分农民人数的增多，尤其是就业稳定性的增强，农村出现了土地经营权流转。从图3－16可以看出，1992年，流转的耕地面积占家庭承包经营耕地面积的份额还不足1%。2005年该指标为3.6%，13年增加了2.7个百分点，年平均增长0.2个百分点。2014年该指标为30.4%，这意味着2005年至2014年的9年里提高了 26.8 个百分点，年平均增长约 3 个百分点，流转速度显著加快。上海耕地流转面积占耕地承包面积的份额为 71.5%，超过了 70%；江苏、北京和黑龙江分别为 58.4%、52.0% 和 50.3%，均超过了一半。

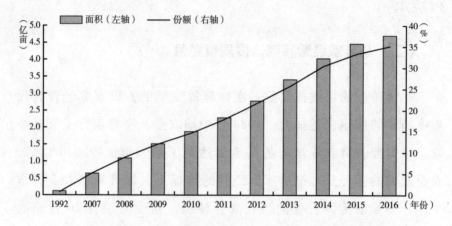

图 3-16　中国耕地经营权转包面积和占承包耕地总面积的份额的变化

（三）从强制性管理向诱导性管理转型

改革开放前对农民实行的是管制制度，包括农民不能离开农村的户籍管制制度和农民必须务农的就业管制制度。现在强调的是对农民实行诱导性管理。具体地说，通过发放生态补偿资金诱导农民退耕还林、退牧还草、退田还湖；通过基层群众自治制度，将民主选举和民主决策落到实处；通过村务公开、村财政公开制度，将民主监督落到实处；通过村民委员会主导的一事一议制度对村干部主导的义务工和积累工制度的替代，将民主管理落到实处。

改革开放初期农村基层政府的主要职责是通过征税、征粮和计划生育等活动，将政府的目标落到实处。现在农村基层政府的主要职责是为农民提供服务，通过免费义务教育制度和培训制度，使农民及其子女学有所教；通过新型农村合作医疗制度，使农民病有所医；通过最低生活保障制度，使农民难有所帮；通过农民养老制度，使农民老有所养。

然而，中国农业转型还远远没有完成。第一，农户数量仍然过多，造成了农业耕作设备过多，对提高农业设备利用率造成了负面影响。第二，农民数量仍然过多，造成了农民就业不充分和劳动力成本的迅速上升，极大地束缚了农产品竞争力的提升。第三，种植业经营规模过小和小面积地块过多，极大地束缚了有利于提高生产效率的技术和装备的应用，对提高我国农产品竞争力造成了负面影响。第四，粮食产品的专用性仍然不强。畜禽所需的营养成分与人相比有很大的不同，粮食生产没有按需求细分，按照人的营养需求生产的粮食充当饲料不仅造成了浪费，还对我国畜禽产品竞争力的提升造成了负面影响。

四　农业政策的变化

从1949年中华人民共和国成立到2050年的100年在历史的长河中是很短暂的一个时段，又是一个变化最为显著的一个时段。农业政策的变迁可以很好地反映这些变化。

第一，集中农业剩余。在1958～1978年，我国农业政策的目标是最大限度地积累农业剩余，推进工业化的进程。鉴于缺乏采取金融方式的条件和不愿采用重税策略的偏好，政府选择了扭曲工农业产品贸易条件的做法。鉴于该做法没有达到预期目标，政府实行了农产品统购统销政策。鉴于国家无法以农户为对象落实农产品统购统销计划，于是推出了人民公社体制。国家依靠扭曲贸易条件、统购统销政策和人民公社体制这样一套内生的制度安排，达到了集中农业剩余、降低城市居民生计成本和促进工业发展的战略目标。

第二，消除农民贫困。改革开放后的第一个 20 年（1978～1997 年），我国农业政策的目标是最大限度地调动农民的生产积极性，解决农产品总供给短缺和消除农民贫困。那时改革的主要任务并不是设计改革方案，而是论证农民分户经营没有冲击农村集体经济所有制，使全党和全国人民达成改革共识。

第三，稳定农业生产。改革后的第二个 20 年（1998～2017 年），我国农业政策的目标是最大限度地增加农业补贴，以稳定食物总供给量，增加农民的农业收入。税费改革前，基层政府和村委会通过农业税、牧业税、农业特产税和"三提""五统"及摊派每年从农民那里收取 1500 亿～1600 亿元，其中税占 1/3 左右。农业税的取消，铲除了"搭车"收费的根基和平台，为消除城乡二元结构、调整国民收入分配结构、转换基层政府和村民自治组织的职能、精简乡镇机构和减少财政供养人员创造了条件。

2004 年以来，中央和省级政府相继出台了粮食直补、良种补贴、大型农机具购置补贴和农业生产资料综合补贴等一系列惠农政策，得到了广大农民的普遍欢迎。除粮食直补于 2007 年保持稳定以外，其余各项补贴的投放量越来越大。

农业管理部门的主要任务是论证反哺农业的合理性。该阶段反哺农业的力度越来越大，目前已累积达到 10 多万亿元；但也出现了反哺效应越来越低、粮食库存不断增大和农机相对过剩等问题。

第四，培育现代农业。改革后的第三个 20 年（2018～2037年）或到 2050 年，我国农业政策的目标应该是最大限度地提高农业全要素生产率，以消除农业弱质性。改革的主要任务应该是想方设法地提高农业微观经营主体的自生能力、产业的就业竞争力和农产品的国际竞争力，从而提高农产品的质量和农业资源利用的可持续性，改善农业生态环境。

然而从农业管理部门新出台的文件看，有关管理部门还没有让市场在农业资源配置中发挥决定性作用的决心，仍还停留在调整干预内容和改进干预方式上。

五　农业生态的变化

现代农业生产手段过度使用带来的污染触目惊心。中国的化肥平均使用量超过 $22.5t/km^2$ 的安全上限的 1 倍左右。单位面积农药用量为世界平均用量的 3 倍，不仅造成了土壤污染，还通过农田径流加重了水体有机污染和富营养化污染，甚至影响到地下水。化肥的普及以及燃料结构的调整，原先用作肥料和燃料的秸秆被农民一次性烧掉，成为新的空气污染源。由于集约化畜禽养殖发展太快，布局上没有注意避开人口聚居区和生态功能区，畜禽粪便还田比例很低。堆积的畜禽粪便造成了地表水的有机污染和富营养化，并危及地下水源。畜禽粪便中所含病原体，对人群健康也造成了威胁。与水环境污染相关的农村人口恶性肿瘤死亡率从 1988 年的 0.0652‰上升到 2005 年的 0.0839‰，高于城市同期的比例（0.0572‰）。

无论是管理部门还是农民，都已经意识到生态层面问题的严重性，都在采取针对性很强的措施，这些问题的解决是完全有可能的。

第四章　农业供给侧存在的主要问题

一　农业中的主要问题

(一) 农业生产

1. 要素

从要素视域看，农业生产中的主要问题有五个：

一是替代要素的成本份额下降而被替代要素的成本份额上升。如果把生产要素分为劳动力、土地和资本三类，考察 1990 年以来的粮食生产成本的变化可以发现：2008 年以来（参见图 4 - 1），尽管机械对劳动的替代程度逐渐提高，资本密集型要素（以化肥为代表）对劳动密集型要素（有机肥）的替代程度逐渐提高，物耗占总成本的份额却是持续下降的；用工量是持续下降的，劳动力成本占总成本的份额却是持续提高的。

二是土地成本占粮食生产成本的份额有逐渐增大的迹象。农地流转费超过土地收成的 37.5%（"三七五减租"是当年土改的目标），在很多地方成为常态。如何从农地农用的制度安排入手把工商资本哄抬地租的现象控制住，有效地抑制地租的快速上涨，是亟

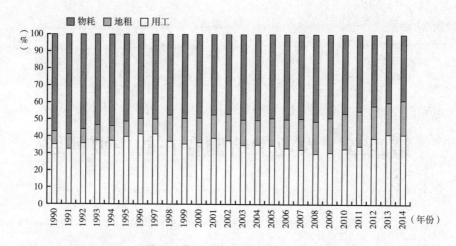

图 4 - 1　1990 ~ 2014 年我国四种粮食生产成本构成的变化

待解决的一个问题。

三是农业就业严重不足，超小规模的农业为农民提供的就业机会为每年 60 个工日，影响了农民的充分就业。如何从推进适度规模经营入手提高职业农民的就业水平，把工资率压下来，也是一个亟待解决的问题。

四是农民的分化越来越明显，一部分农户通过流入其他农户的土地成为职业农户，一部分农户把土地流转出去成为外出务工户，一部分农户通过购买外包服务把耕地、播种和收获等农活委托给了专业农户，仍然自己经营自己的承包地的农户变得越来越少。对土地尚未流转的小农户来说，家里最弱的成年人在家看管土地，能力更强的成年人外出就业，显然有助于实现家庭收入的最大化。这些小农户的农业生产大多是由机耕、机播、机收等专业户承担的，而不是留在家里的老人和妇女承担的。社会上不少人担忧今后无人种地，其实当前中国农业的主要问题是还有很多人不愿意把土地流转出去，以致愿意种地的职业农民流转到的土地无法达到他们预期的规模。我国要抓住愿意从事超小规模农业的人越来越少的契机，促进农地流转，使职业农民流转到的土地能够达到适宜的经营规模。

五是化学品投入过量。从图 4－2 可以看出，用每公顷耕地每年施氮量不宜超过 225 公斤的建议标准衡量，我国从 1997 年起出现总体上氮肥超量的问题，导致土壤和水体中的氮磷元素大量增加，加大了农业面源污染，造成了较大的环境风险。农药和塑料薄膜的使用也有类似的问题。限于篇幅，在此不再赘述。

上述五个问题，是农业供给侧结构性改革在要素方面亟待解决的问题。

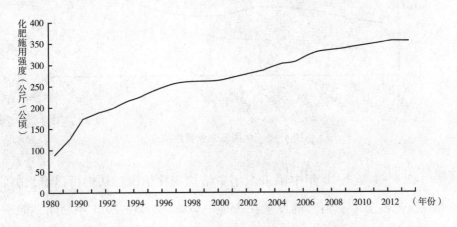

图 4－2　我国 1980 年以来每公顷耕地氮肥施肥量的变化

2. 农产品

在农产品的问题中玉米表现得最为突出。基于此，下面以玉米为研究对象，围绕它的"三量齐增"现象做一些分析。

图 4－3 是中国近十年来玉米的供需结构，其基本特征是供大于求。中国玉米总消费量相对稳定，呈现缓慢增长的趋势（近两年来玉米消费量下降是饲料和养殖企业进口大量不受配额限制、价

格相对更低的高粱等替代品造成的）。玉米的总供给量变动较大，是造成玉米供需缺口加大的主要因素。2012 年以前，玉米供需缺口变化不大。从 2013 年以来，玉米总供给量迅速提高，玉米总消费量因企业进口大量不受配额限制的高粱等替代品导致玉米消费量下降，导致玉米供需缺口呈喇叭状急剧扩大。

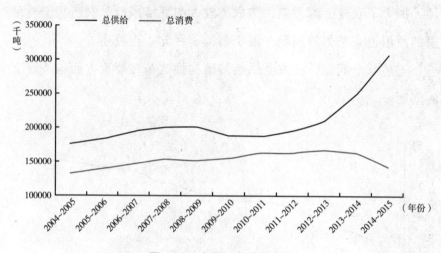

图 4 - 3　中国玉米供需结构

图 4 - 4 是近 10 年中国玉米消费结构变化情况。从中可以看出，饲用玉米占玉米总消费的比重在 55% ~ 67%。2005 ~ 2013 年期间，饲用玉米消费比重总体上保持增长趋势，2014 年饲用玉米消费比重开始下降，2015 年下降更为剧烈，导致玉米总消费量显著下降。玉米用作工业原料是玉米消费的另一个主要途径，大多数年份占玉米总消费的25% 以上。2012 年以前玉米的工业消费稳步上升，2013 年以后逐步下降。玉米的出口量所占份额较少，且自 2008 年开始显著下降。

图 4 - 5 是中国玉米库存量的变化。从图中可以看出，2004 ~ 2008 年玉米几乎没有库存。2008 ~ 2012 年玉米库存量波动较大。2012 年以后，玉米库存量在玉米产量和玉米进口量的共同拉动下快速上升。

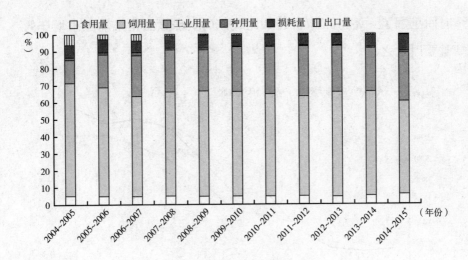

图 4 - 4　中国玉米消费结构

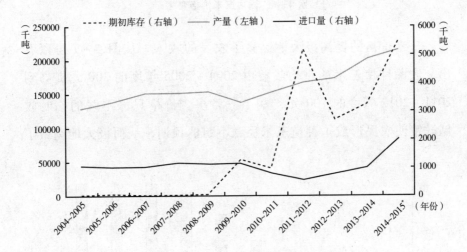

图 4 - 5　中国玉米库存量的变化

　　2007 年以来，国家为了维护粮价稳定，促进农民增收，实行了玉米临时收储制度。在实行临时收储政策的 7 年里，玉米临储提价达 50%，尤其是 2010 年以来，年均提价达 10%。从图 4 - 6 可以看到，近十年来玉米的吨价呈现持续上涨的趋势，在短短的十年时间里翻了一番。玉米价格如此快速的上涨显然是推动玉米增产的重要因素之一。

图 4 – 6　国内玉米价格变化

玉米价格的提高极大地提高了农民的收入。从图 4 – 7 可以看出，农民种植玉米的亩均收益由 2004 ~ 2005 年度的 300 元提高到 2011 ~ 2012 年度的 700 元，翻了一番多。价格只涨不跌的临时收储政策使农民形成了种植玉米稳赚不赔的预期，从而极大地刺激了

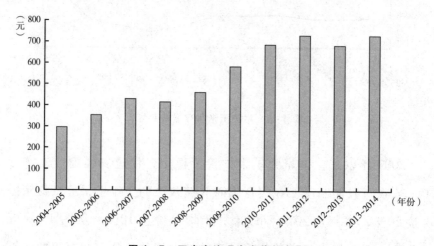

图 4 – 7　玉米亩均现金净收益变化

玉米种植面积的扩张和产量的增长。

保持一定的粮食库存，是调节气候引发的农作物产量波动的基本举措，这是世界各国通用的做法。从国际经验来看，玉米库存量占玉米总消费量的25%即可（见图4-8）。

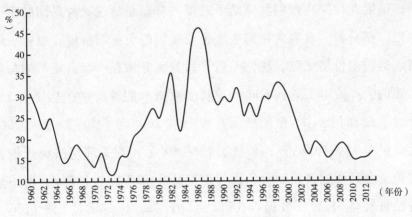

图4-8　全球玉米库存消费比

对比国际经验，中国的玉米库存水平过高。从图4-9可以看出，2014年中国玉米的库存消费比达到52%，2015年进一步攀升到114%，库存量已经超过当年的消费量。对比国际经验，中国的

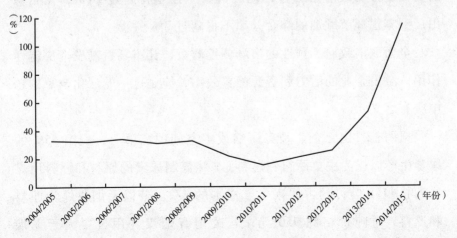

图4-9　中国玉米库存消费比

玉米的确存在非常大的去库存压力。

3. 化肥产能

2014 年，我国化肥总产能为 13167 万吨，化肥产量为 8012 万吨，化肥需求量为 6610 万吨，生产过剩 1402 万吨，产能过剩近一倍。政府对化肥生产和利用给予过度的补贴是形成这种局面的重要原因。据分析，政府向化肥生产企业提供的免征增值税，原料、燃料、运输的价格优惠，淡储贴息等政策利好加在一起，使平均每吨化肥的生产成本节省约 600 元。其中原料和能源价格优惠每吨 250 元（有关部门测算）；免征所得税每吨 260 元（按平均每吨 2000 元，税率 13% 计算）；运价优惠每吨 80 元（有关部门按免征铁路建设基金和化肥铁路运价为同类化工品的 30% 左右测算）；淡季储备贴息每吨 35 元（按储存 1800 万吨计算，每年贴息 6.3 亿元）；化肥产品价格直补每吨 100 元（国产和进口磷酸二铵 670 万吨，每年补贴 6.7 亿元）。2015 年全国化肥产量为 7600 万吨，整个行业得到政府优惠 456 亿元，是其总盈利 200 多亿元的两倍。化肥企业的责任是接受政府指导价，化肥价格上浮不得超过 10%；化肥从出厂到零售环节顺加的综合差率不得超过 7%。

全面取消政府干预性的市场调控政策，让市场机制发挥决定性作用，激发企业的活力和资源配置效率，应是这一轮深化改革的题中应有之义。

据调查，化肥企业是有压缩成本空间的。第一，我国 65% 的尿素生产以煤为主要原料和燃料，1 吨煤制尿素的原料和燃料用煤 1.5 吨～1.8 吨，约占尿素生产成本的 2/3。若以无烟块煤为原料和燃料，每吨价格约 950 元，若改用有烟煤（用量要大于无烟煤），每吨价格约 580 元。用传统的无烟煤技术生产 1 吨尿素耗电

800 千瓦时左右，用有烟煤生产尿素耗电 400 多千瓦时。第二，采用先进技术，可使煤耗减少 20% 左右。第三，以石油为原料的化肥企业平均每吨化肥的生产成本约 1300 元，以煤炭为原料的企业平均每吨化肥的生产成本为 1200 元，以天然气为原料的大型企业平均每吨化肥的生产成本不到 800 元。

然而，遭受批评最多的却是农户的施肥行为。其实，几亿农民都不计代价地多施肥且几十年一直不改的假设，是经不起推敲的。农户施肥对增产是有作用的，这种行为对环境造成负面影响也是不争的事实，所以要加以控制。目前水稻、玉米、小麦三大粮食作物的氮肥、磷肥和钾肥当季平均利用率分别为 33%、24%、42%。未被当季作物吸收利用的养分一部分会储存于土壤中供之后种植的作物吸收利用。据调查，氮肥的累计利用率约为 40%，磷肥和钾肥的累计利用率为 60%。美国粮食作物的氮肥利用率约为 50%，欧洲主要国家粮食作物的肥料利用率约为 65%，我国同它们相比还有提升空间，但已经进入了国际上公认的适宜范围。化肥的养分流失具有客观必然性，例如作物需要吸收 30 公斤化肥，由于化肥的吸收率为 60%，为了满足作物的肥料需求就要施 50 公斤，而不是 30 公斤。当然，流入水体的肥料不能超过水体的降解能力，所以我们通常根据水体对氮素的降解能力确定化肥使用量。假设水体的降解能力相当于每亩 40 公斤氮肥，那么每亩的施肥量就不宜超过 100 公斤。

农药和农用薄膜利用的问题更多一些，改进余地也更大一些，但也有同化肥一样的认识误区，在此不再赘述。

在现实中，政府政策不干预的农产品几乎没有无效供给的问题，比如水产品。政府政策干预越多的农产品无效供给的问题越大，比如玉米。从农产品的视域看，农业供给侧结构性改革的重点是政府的谷物生产政策，特别是玉米生产政策。

（二）经营规模

既然中国农业竞争力低的根本原因是农业经营规模太小，那么就要探讨土地适度经营规模。确定农业适度经营规模的参照系可以有两个：一个是农户能借助这个土地经营规模过上同外出务工户一样的生活，另一个是农户能借助于这个土地经营规模过上与城市居民一样的生活。留在农村的职业农户和外出农户达到同样生活水平的生活费用有较大的差异，是我们选择生活水平而不是收入水平作为估算标准的主要依据。农民也是这样计算的，只是他们算得较为粗略而已。

为了提高估计的稳健性，我们采用3年平均数作为估算的基础数据，所使用的是2012～2014年的数据，估算过程如下：

（1）举家外出务工户：月平均工资2750元，1年工作10个月，夫妻两人的工资收入为55000元，加上土地流转收入（户均土地7亩）1930元，总收入为57430元。月均消费920元，按户均3.3人计算，全家全年消费36430元。

（2）全家务农户：月均消费605元，按户均3.3人计算，全家全年消费23960元，相当于举家外出务工户全年消费支出的66%。这意味着全家务农户要达到举家外出务工户同样的生活水平，所需的支出仅为举家外出务工户的66%。为了提高估计的稳健性，我们选择80%而不是66%作为调节系数，其含义是举家外出务工户用1元钱做到的事情，全家务农户用0.8元就可以做到。举家外出务工户的租房支出、从流出地到流入地来回的交通支出、饮食支出中包含数量更多的服务费用等未产生福利改善效用的支出比例更大，扣除20%或许是合理的。按照这种假设，全家务农户要达到举家外出务工户的生活水平，总收入应达到45944元。土地亩均纯收入995元，扣除土地租金275元，剩余720元。按农户收入一半来自土地，其余来自畜禽水产养殖、林业或非农产业计算，土地适度经营规模为30亩，耕地上的收入为23530（720×30＋1930）元，另一半收入则要来自畜禽水产养殖和非农产业。按亩均用工9个，劳动力工价100元计算，余下230个工可以挣到23000元劳务费。由此可见，全家务农户只要像举家外出务工户那样做满500个工作日，生活水平就能同举家外出务工户一样。按实际耕地面积20.27亿亩计算，农业可以容纳农户6500万户。

表 4－1 农业劳动力适宜规模估算基础数据

	2012 年	2013 年	2014 年
全年外出从业时间（月）	9.8	9.9	10
平均每月工作时间（天）	26.2	25.2	25.3
外出农民工月均工资（元）	2290	2609	3359
外出农民工月均生活消费（元）	—	892	944
农民月均消费支出（元）	492.3	623.8	698.6
城镇居民人均纯收入（元）	24564.7	26955.1	28844
城镇居民人均年消费支出（元）	16674	18022	21392
城镇家庭户均人口（人）	2.9	2.8	2.8
每亩耕地平均流转租金（元）	249	272	306
农村雇工工价（元）	92.57	99.05	107.49
农村家庭户均劳动力（个）	2.8	2.1	2.0
农村家庭户均人口（人）	3.9	3.3	3.3
粮食亩均现金收入（元）	983	938	1065
每亩用工数量（工日）	9.6	9.2	8.8

资料来源：《中国农民工监测报告》《中国统计年鉴》《中国住户调查年鉴》。

城镇户的人均年消费支出为 18696 元，是全家务农户（7260元）的 2.58 倍。由于城镇户的开支项相对更多，城镇居民的平均生活水平并不是全家务农户的 2.58 倍。考虑到城镇户需要承担的费用更多，我们选择 0.7 作为调节系数，其含义是如果要达到同样的生活水平，城镇户用 1 元钱做到的事情，务农户用 0.7 元就可以做到。仍按户均 3.3 人计算，城镇户的年均收入为 88400 元，务农户要达到城镇户的生活水平，总收入要达到 61800 元。按照以上假设，土地适度经营规模为 50 亩。其中耕地上的收入为 37930 元（50×720+1930），非耕地上的收入为 23950 元。此时，亩均用工量需降至 5.5 个工日。我国 20.27 亿亩耕地可容纳农户 3754 万户。

如果全家务农户的收入高于城镇居民收入 20%，则总收入要达到 74256 元。按照以上假设，土地适度经营规模为 70 亩。其中耕地上的收入为 52330 元（70×720+1930），非耕地上的收入为 21926 元。此时，亩均用工量需降至 4 个工日。我国 20.27 亿亩耕地可容纳农户 2900 万户。

做这个粗略的估算是为了说明，适度经营规模是一个动态的概念，它会随着经济发展水平的提高而逐渐增大。这三个适度经营规模，可以分别作为 2030 年、2040 年和 2050 年的土地流转目标。这个适度经营规模是根据生产粮食的职业农户的需求估算的，而生产蔬菜等资本密集型农产品的职业农户并不需要这么大的规模，实际可容纳的农户数可能还会更多一些。

（三）农业竞争力

农业竞争力的评价可以采用很多方法，本书主要通过对代表性农产品的国内外生产成本和价格进行比较，对我国农业竞争力的状况和变化进行梳理。本书选择玉米、小麦、稻谷和大豆这 4 类主要农产品进行分析。

1. 玉米生产成本、价格与国际比较

（1）玉米生产成本

从图 4 - 10 可以看出，20 世纪 90 年代以前，中国的玉米生产成本较低，1991 年中国玉米生产成本约为美国的 87%，与美国相比具有竞争优势。在这之后中国玉米生产成本与美国玉米生产成本的差距不断扩大。2000 年中国玉米生产成本为美国的 207%，2014 年达到 232%。中国是玉米生产成本增长最快的国家，同全球其他主要玉米生产国相比，中国玉米生产成本的变化有所不同，但逐渐高于其他国家的趋势基本相同。

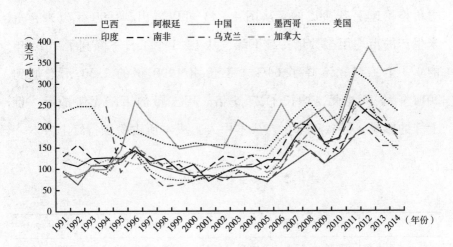

图 4 - 10　全球主要国家玉米生产成本

资料来源：FAO。

人工成本占生产成本的份额上升太快，是中国玉米生产成本上升的主要原因。从表 4 - 2 可以看出，美国的玉米生产成本主要是物质成本，占总成本的份额超过 2/3；土地成本占玉米生产成本的20%～25%左右；人工成本占玉米生产成本的份额很低，且有逐年下降的趋势，2014 年人工成本仅占玉米生产成本的4.07%。中国玉米生产成本结构的变化与美国正好相反，人工成本从 2012 年起占据玉米生产成本的最大份额，且依然呈现波动上升趋势。土地成本占玉米生产成本的份额也在波动上升，虽然目前所占比重还不是太高，但其上升速度相对较快。物质成本占玉米生产成本的份额呈下降趋势，2003 年至 2014 年的 11 年里下降了约 12 个百分点，年均下降 1 个百分点以上。

中国农业经营规模小，亩均用工量多，这是人工成本占生产成本份额大的主要原因。最近十多年来，玉米生产的亩均用工量快速下降，玉米生产成本中人工成本所占份额的继续上升完全是由劳动力价格迅速上升造成的。从图 4－11 可以看出，1990 年以来，玉米生产的亩均用工数量持续下降，从 17.3 个工日下降到了 2014 年的 6.3 个工日，下降了 64%。工价由 1990 年的 2.60 元增加到2014 年的 74.4 元，增长了 27.5 倍。用工量的下降无法抵消工价上涨的影响，导致玉米生产成本中人工成本所占份额持续上升。

表 4－2　中美玉米生产成本结构比较

单位：%

		2005	2007	2009	2011	2012	2013	2014	2015
中国	人工成本	37.46	37.83	35.53	34.95	38.67	43.11	45.00	44.62
	土地成本	14.38	17.29	20.28	21.31	20.97	19.61	19.46	21.09
	物质成本	48.16	44.89	44.19	43.74	40.36	37.28	35.54	34.29
美国	人工成本	8.37	6.23	5.99	5.14	4.80	4.20	4.07	4.05
	土地成本	25.17	24.11	21.90	21.24	22.94	21.98	24.80	25.49
	物质成本	66.46	69.66	72.11	73.63	72.26	73.82	71.13	70.46

资料来源：《全国农产品成本收益资料汇编》（历年）。

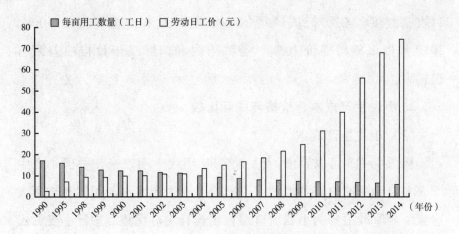

图 4 - 11　玉米用工数量和劳动日工价变化

（2）玉米价格

从图 4 - 12 可以看出，1990 年，中国玉米价格与国际玉米价格相差不多，此后中国玉米价格开始高于国际价格，但是价格的差距不大。2005 年至 2008 年，国际玉米价格持续走高，与中国玉米价格逐步靠近，2008 年，国内和国际的玉米价格几乎一致。2007 年，为了刺激农民的种粮积极性，国家实行了玉米临

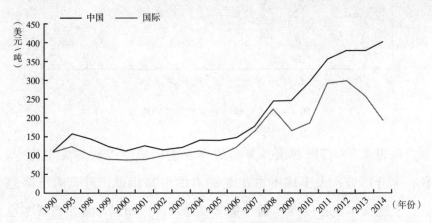

图 4 - 12　国内外玉米价格变动

资料来源：IMF 主要商品价格数据库。

时收储制度。在实行该政策的 7 年里，玉米价格提高了 50%，2010 年以来年均提价 10%，导致国内和国际玉米价格的差距再次扩大。

2. 小麦生产成本、价格与国际比较

（1）小麦生产成本

从图 4-13 可以看出，20 世纪 90 年代中期以来，中国小麦生产成本处于全球中上游水平。中国的小麦生产成本与美国和加拿大这两个全球最主要的小麦出口国相比具有绝对优势。中国小麦的成本优势从 2003 年开始逐渐丧失，2011 年以后与世界主要小麦生产国相比，我国的小麦生产失去了成本优势。

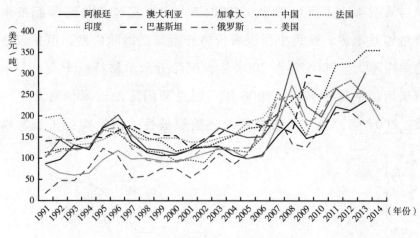

图 4-13 全球小麦主产国生产成本

从表 4-3 可以看出，美国的小麦生产成本以物质成本为主，且有上升趋势；人工成本占小麦成本的份额很低，且具有下降趋势；土地成本占小麦成本的份额非常稳定。中国的小麦生产成本也以物质成本为主，但呈下降趋势；人工成本和土地成本占小麦生产成本的份额都趋于上升，其中，人工成本所占份额由 2003 年的

30.27% 提高到 2014 年的 37.79%，增加了 7.52 个百分点；土地成本所占份额由 2003 年的 15.21% 提高到 2014 年的 18.79%，增加了 3.58 个百分点。

表 4 - 3　中美小麦生产成本结构比较

单位：%

		2003	2005	2007	2009	2011	2012	2013	2014
中国	人工成本	30.27	31.14	28.44	25.69	31.68	35.09	37.58	37.79
	土地成本	15.21	13.33	15.70	18.32	18.15	17.14	16.82	18.79
	物质成本	54.52	55.53	55.86	55.99	50.17	47.77	45.60	43.42
美国	人工成本	10.39	11.28	10.69	9.17	6.46	6.41	6.27	6.28
	土地成本	20.89	19.80	18.55	18.79	18.24	17.50	20.41	20.65
	物质成本	68.71	68.92	70.76	72.03	75.30	76.08	73.32	73.07

（2）小麦价格

从图 4 - 14 可以看出，2008 年以前，中国的小麦价格有时高于国际价格，有时低于国际价格，处于交织状态。2009 年以后，中国的小麦价格持续上涨，国际小麦价格呈波动性增长，中国小麦价格高于国际小麦价格，也失去了国际竞争力。

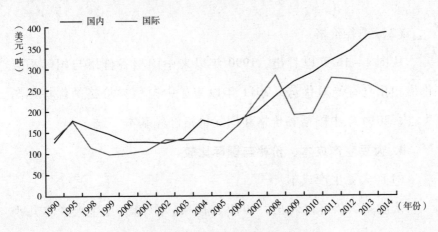

图 4 - 14　国内外小麦价格变动

3. 稻谷生产成本、价格与国际比较

(1) 稻谷生产成本

从图4-15可以看出，20世纪90年代中期以前，中国与其他主产国相比稻谷生产成本具有绝对优势。20世纪90年代末以后，中国稻谷生产的成本优势逐渐丧失；2011年以后，中国的稻谷生产成本高于除菲律宾之外的其他主产国。

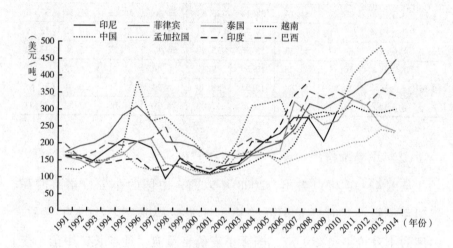

图4-15　全球稻谷主产国生产成本

(2) 稻谷价格

从图4-16可以看出，1990年以来中国稻谷价格与国际稻谷价格相比具有绝对优势。2011年以来，中国稻谷价格的优势逐渐失去，2014年中国稻谷价格和国际价格已经基本一致。

4. 大豆生产成本、价格与国际比较

(1) 大豆生产成本

从图4-17可以看出，1991年以来，中国大豆生产成本几乎一直高于其他主产国大豆生产成本。

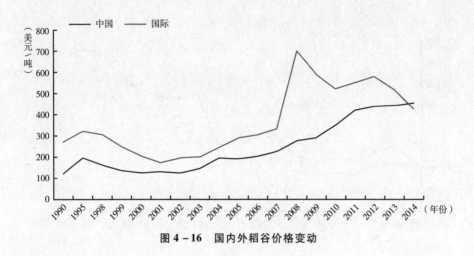

图 4 - 16　国内外稻谷价格变动

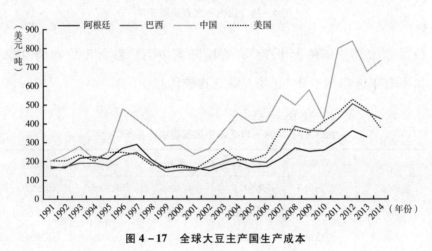

图 4 - 17　全球大豆主产国生产成本

（2）大豆价格

从图 4 - 18 可以看出，1990 年以来中国大豆价格也一直高于
国际大豆价格。

（四）中国主要农产品显示性比较优势的变动

1. 中国主要农产品的显示性比较优势

从表 4 - 4 可以看出，在我国的主要农产品中，水产和蔬菜的

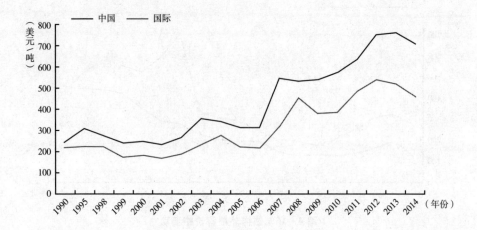

图 4 - 18　国内外大豆价格变动

RCA 值大部分年份大于 1，具有国际竞争力。畜禽和谷物的 RCA 值所有年份都小于 0.4，明显缺乏比较优势。

表 4 - 4　2006 ~ 2015 年中国五类农产品 RCA 值

	畜禽	水产	蔬菜	水果	谷物
2006	0.1610	0.9425	1.2124	0.3009	0.2559
2007	0.1301	0.7954	1.0348	0.3063	0.3033
2008	0.1238	0.8026	0.9651	0.3366	0.0706
2009	0.1172	1.0077	1.0412	0.3669	0.0809
2010	0.1199	1.0411	1.2643	0.3371	0.0609
2011	0.1126	1.0925	1.3445	0.3464	0.0490
2012	0.0985	1.0724	1.0735	0.3781	0.0323
2013	0.0903	1.0548	1.0251	0.3658	0.3530
2014	0.0901	1.0197	1.0038	0.3413	0.0293
2015	0.0809	0.9996	0.9741	0.3774	0.0222

资料来源：联合国 COMTRADE 数据库。

2. 结构效应与中国农产品显示性比较优势的变动

按照国际贸易的一般规律，农产品贸易所占份额会随着产业结构提升而呈逐步下降趋势。在这种情况下，农产品贸易量对国际出口总量变动的影响力一直减少，如果分子不变则 RCA 的值将增大。从表 4 – 5 可以看出，中国除谷物之外，其他四类产品的 RCA 值都有小幅度的增加，国际上除谷物之外的其他四类产品的 RCA 值都有小幅度的下降。

3. 竞争效应与中国农产品显示性比较优势的变动

从竞争效应方面来看，产品 RCA 值变动的影响因素分别是产品的国际市场竞争力变动和国家出口国际地位变动。如果作为反映中国国际出口地位的分母增加，假定分子不变，则 RCA 值呈逐步下降趋势。表 4 – 6 数据显示，到 2014 年为止，中国的五类产品总体来说其 RCA 值都有小幅度的上升，而 2015 年则出现小幅度的下降。

（五）主要结论

通过以上分析，可以得出以下结论：

第一，中国具有国际竞争力的主要农产品趋于减少。农业政策和农业工作的重点必须转向保持水产、蔬菜的比较优势，抑制粮食、水果比较优势的下降。

第二，人工成本快速上升是造成农产品生产成本上升和比较优势下降的主要因素。扩大土地经营规模和加快物质投入对劳动的替代速度，成为降低中国农产品生产成本的主要途径。

第三，地租的上升不仅是农产品上升和比较优势下降的影响因素，还是制约土地流转和造成流转土地非粮化的影响因素。

表 4 - 5 2007 ~ 2015 年中国主要农产品 RCA 值结构效应分解结果

	RCA 值变动因素	2007	2008	2009	2010	2011	2012	2013	2014	2015
畜禽	国内出口结构变动	- 0.0300	0.0007	0.0125	- 0.0100	- 0.0067	- 0.0135	- 0.0068	0.0056	- 0.0035
	国际出口结构变动	- 0.0009	- 0.0070	- 0.0191	0.0127	- 0.0007	- 0.0006	- 0.0014	- 0.0060	- 0.0056
水产	国内出口结构变动	- 0.1972	- 0.0560	0.4542	- 0.0157	0.0386	- 0.0494	0.0279	0.0629	- 0.0287
	国际出口结构变动	0.0456	0.0634	- 0.2490	0.0491	0.0130	0.0293	- 0.0456	- 0.0984	0.0090
蔬菜	国内出口结构变动	- 0.1644	- 0.1132	0.3557	0.1806	- 0.0385	- 0.3583	0.0614	- 0.0148	0.1268
	国际出口结构变动	- 0.0132	0.0438	- 0.2795	0.0424	0.1189	0.0873	- 0.1100	- 0.0070	- 0.1561
水果	国内出口结构变动	0.0030	0.0304	0.1164	- 0.0521	- 0.0037	0.0333	0.0098	- 0.0087	0.0814
	国际出口结构变动	0.0024	0.0000	- 0.0861	0.0224	0.0131	- 0.0016	- 0.0221	- 0.0160	- 0.0452
谷物	国内出口结构变动	0.1292	- 0.2148	0.0066	- 0.0271	- 0.0038	- 0.0159	0.0024	- 0.0065	- 0.0076
	国际出口结构变动	- 0.0819	- 0.0178	0.0037	0.0072	- 0.0082	- 0.0007	0.0006	0.0004	0.0005

表 4 - 6 2007 ~ 2015 年中国主要农产品 RCA 值竞争效应分解结果

	RCA 值变动因素	2007	2008	2009	2010	2011	2012	2013	2014	2015
畜禽	产品国际市场竞争变动	- 0.0173	- 0.0046	0.0026	0.0115	- 0.0059	- 0.0071	- 0.0045	0.0060	0.0120
	中国出口国际市场地位变动	- 0.0135	- 0.0016	- 0.0092	- 0.0088	- 0.0015	- 0.0070	- 0.0037	- 0.0064	- 0.0211
水产	产品国际市场竞争变动	- 0.0644	0.0179	0.2844	0.1094	0.0658	0.0559	0.0256	0.0366	0.2407
	中国出口国际市场地位变动	- 0.0827	- 0.0104	- 0.0792	- 0.0760	- 0.0142	- 0.0760	- 0.0433	- 0.0721	- 0.2604
蔬菜	产品国际市场竞争变动	- 0.0700	- 0.0569	0.1580	0.3153	0.0980	- 0.1950	- 0.0065	0.0492	0.2245
	中国出口国际市场地位变动	- 0.1076	- 0.0125	- 0.0818	- 0.0923	- 0.0175	- 0.0760	- 0.0421	- 0.0709	- 0.2537
水果	产品国际市场竞争变动	0.0372	0.0348	0.0591	- 0.0052	0.0139	0.0585	0.0027	- 0.0006	- 0.1346
	中国出口国际市场地位变动	- 0.0318	- 0.0044	- 0.0288	- 0.0246	- 0.0045	- 0.0268	- 0.0150	- 0.0241	- 0.0983
谷物	产品国际市场竞争变动	0.0788	- 0.2317	0.0167	0.0155	- 0.0113	- 0.0144	0.0045	- 0.0040	- 0.0014
	中国出口国际市场地位变动	- 0.0315	- 0.0009	- 0.0064	- 0.0045	- 0.0006	- 0.0023	- 0.0015	- 0.0021	- 0.0058

二 农业收入增量的变化

(一) 农业收入增量的贡献的变化

为了把来自农业的收入分析清楚,我们把农民人均纯收入分为农业收入、其他劳动收入(扣除了农业收入后的家庭经营收入和工资收入之和)和其他收入(转移收入和财产收入之和)。从图4-19可以看出:第一,在三种收入增量中,只有农业收入有增量为负的情形;农民的收入增量只有少数年份以农业收入增量为主;农业收入增量的波动介于其他劳动收入增量和其他收入增量之间,即它的波动比其他劳动收入增量小,比其他收入增量大。第二,其他劳动收入增量的增长最快,多数年份的农民收入增量以其他劳动收入增量为主,其他劳动收入增长的波动最大。第三,2003年以前,其他收入的增量很小,这意味着农民的收入增量几乎都来自当年自己的劳动。2003年以后,其他收入增量增长得更稳更快,它同农业收入增量的差距趋于缩小,个别年份的收入增量接近于农业收入增量。

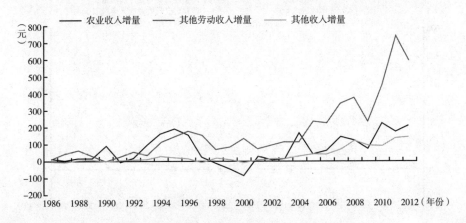

图4-19 1986~2012年农民收入增量的变化

（二）农业收入增量与农业产值增量的相关性

农民人均农业收入的增长应该主要来自农业产值的增长。考虑到现价计算的农业产值增量和农业收入增量的可比性不强，笔者分别用农产品生产价格指数和农村商品零售价值指数对它们进行了修正。为了分析农业收入增量的来源，计算了农业收入增量占农业产值增量的比率。为了消除异常值的影响，对计算结果做了如下处理：若农业收入增量为负，取值为零，表示农业产值增量均未转为农业收入；若农业产值增量为负，取值为零，表示没有农业产值增量可转为农业收入增量；若农业收入增量和农业产值增量均为负数，取值为零，以保证计算值的可比性；如果农业产值增量小于农业收入增量，取值为100%，表示农业产值增量全部转为农业收入。经过上述处理，农业收入增量占农业产值增量的比率的取值介于0~1之间。

从图4-20可以看出，第一，调整前后的数据变化表明，无论是农民人均农业产值增量还是农民人均农业收入增量，农产品生产

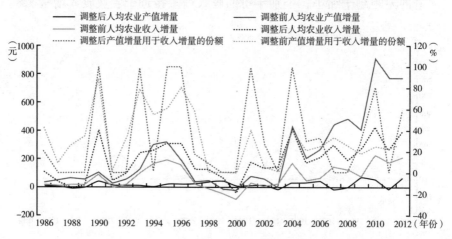

图4-20 农业产值增量与农业收入增量及其关系的变化

价格上涨的作用都显著大于农产品增长的作用。第二,调整后与调整前相比,波动的区间显著缩小,但增量为负的年份增多了,波动的相对幅度提高。第三,调整后与调整前相比,农业产值增量用于农业收入增量的份额的波动更大。

(三) 农业收入增量的来源

从表4-7可以看出,2003~2012年期间,调整后的人均农业收入增量为234元,调整后的人均农业补贴增量为66元,对人均农业收入增量的贡献率为27.6%。如果加上四项补贴以外的农业补贴,政府补贴对农业收入增量的贡献率将更大。

表4-7 2003~2012年调整后的人均农业收入增量和调整后的人均农业补贴增量

单位: 元

	调整后的人均农业收入增量	调整后的人均农业补贴增量
2003	6	5
2004	41	1
2005	9	1
2006	14	5
2007	26	8
2008	12	19
2009	22	10
2010	44	4
2011	21	3
2012	39	10
合计	234	66

(四) 初步结论

第一,农业收入的增长最慢,但由于参与农业收入分配的人口最多,农业收入的均等化程度是最高的。第二,由于其他收入增长更快，农业收入对农户收入的贡献率越来越小，农业收入增量对农户收入增量的贡献率更小。第三，政府发放的农业补贴越来越多，对农业收入增量的影响越来越大，足以充当农业收入增量的主要来源。

三 政策层面的问题

改革开放以来，农业技术变迁对农业增长的贡献是最为显著的，制度变迁有点偏离市场取向。受制度变迁的影响，组织的名义变迁显著大于实际变迁，即单纯为获得政府资金支持而注册的农业合作社的占比很大。农业是适合家庭经营的产业，要改变的是农业超小规模经营而不是农业家庭经营。从制度和组织视域看，农业供给侧结构性改革的重点是促进有助于市场机制发挥决定性作用的制度创新。

（一）土地制度

1. 土地资源化的政策取向

土地既是一种资源，又是一种资本。土地具有资本属性，并不是要素替代的必要条件，但它是使各种要素具有可比性和可加性的必要条件，进而能为要素替代提供更为充分的信号。由此可见，土地停留在资源属性上具有一定的局限性。

2. 土地产权固化的政策取向

产权界定是产权流动的必要条件。产权流动越活跃，产权的界定和保护就越重要。20 世纪 80 年代实行家庭联产承包责任制以后，为了避免调整承包地造成几家欢喜几家愁的局面，国家一直强调农户承包的土地"生不增、死不减"的政策。农户的承包地"生不增,死不减"的政策之所以重要,是因为现实中采用的是无偿的产权调整方式。按照土地承包经营权"生不增、死不减"的政策导向,新的集体经济组织成员的名下没有土地产权,去世的集体经济组织成员的名下仍然拥有土地产权,几十年后土地产权就全在死人名下了。这种固化的土地产权制度维系的时间越久,土地产权的归属就越复杂。所以,与其坚持土地承包经营权"生不增、死不减"的政策,不如改革无偿调整土地承包经营权的做法,以动态的活化的土地产权制度替代静态的固化的土地产权制度。在一个特定的农村经济组织里,集体成员的变化不仅显著而且复杂。要确保集体土地产权都归工作和生活在集体经济组织的人所有,就要以"如何增、如何减"①的制度创新替代"生不增、死不减"的制度安排。为了将农户无偿获得的农地承包经营权"生不增、死不减"的政策调整为"如何增、如何减"的政策,首先要把集体经济组织的成员界定清楚,构建农民集体资产按份共有的基础,其次要将产权股份同成员身份对应起来,建立成员的进退机制。成员资格的获取要以购买特定数量的集体产权股份为条件,成员资格的退出要以回购其拥有的集体产权股份为保障。农村集体经济组织的清产核资、成员界定、股权设置、权责义务和进退机制等都要由农民自主讨论决定。中国农村集体经济组织应当在工商机关登记注册,从而具备法人地位。

---

① 上海郊区的新做法是:社区新增人员包括合乎条件的外来人员,按规定购买集体股份后,便可成为社区集体资产的股东;成员退出时要兑现其股份,成员去世后由其继承人兑现其股份。这种可以进入可以退出的"活化"的制度安排,要优于"增人不增地,减人不减地"的"固化"的制度安排。尤其是来自社区外的务工人员合乎条件且购买集体资产股份后可成为集体经济组织成员的制度安排,是把农村社区打造成现代企业的制度创新。

3. 土地私有化的政策取向

农村土地集体所有是我国法律的明确规定，而政策是将其朝着私有化的方向推进。具体的措施有四：第一，把集体土地一定年限的经营权赋予农民；第二，宣布农民得到的土地承包经营权永久不变；第三，取消集体行使"三提五统"的权利；第四，从实物形态上对农户承包地进行四至确权。

农村土地集体所有不仅法律有规定，也得到了农民的普遍认同。改革开放以来，亿万农民对现行农地制度基本上没有提出过质疑，也没有出现改变现行农地制度的尝试。现实中要求土地私有化实际上是一些学者的想法。这些急于摧毁农村土地集体所有制的学者往往忽略了这种产权安排的长处。与土地私有相比，农村土地集体所有的长处是：第一，农户间的土地调换较为容易。现实中的蔬菜大棚之所以一排排、一个个整齐划一，主要是农户间相互调地的结果。农户之间调地如此成功，同土地集体所有有很强的关联性。第二，土地流转较为容易。我国的土地流转明显快于东亚其他经济体。土地流转如此之快，同土地集体所有有很强的关联性。第三，土地集中连片耕种较为容易。我国土地集中连片耕作的推进快于东亚其他经济体，我国能相对容易地做到这一点，同土地集体所有有很强的关联性。

我国的农村土地集体所有制确实存在模糊性，但这种模糊性的负面影响是有限的。做出这个判断的理由是，一个不切合实际的农地产权制度，不可能使中国农业维持长达 40 年的稳定增长。所以，我们要对现行农地制度保持自信，而不宜轻易地否定这个制度。其实，土地公有私有孰优孰劣的见解，主要受意识形态的影响，而不是科学的结论。做出这个判断的理由是，世界上农地实行私有制的国家，要远远多于农业发展取得成功的国家；农地实行私有制的发展中国家，农业发展几乎都没有取得成功。当然，中国农业持续保持几十年的增长的案例，也不足以得出土地集体所有优于土地私有的结论。

4. 弱化农户经营层次的政策取向

我国的农产品短缺和农民贫困问题主要是靠农户承包经营集体土地解决的。这种一家一户的农业超小规模经营已经持续地发挥了几十年作用。随着封闭经济向开放经济的转型，农业超小规模经营对发展现代农业、提升农业竞争力的掣肘越来越明显，客观上需要以农业适度规模经营替代超小规模经营，且农业适度经营规模要随着经济发展水平的提高而逐步扩大。农业是适合家庭经营的产业，要替代的是农业超小规模经营，而不是农业家庭经营。

（二）农业政策

改革开放以来，我国农业增长取得了巨大的成绩，短期目标都实现了。然而，中国农业的增长确实存在以牺牲长期目标为代价的现象。例如食物安全目标对环境目标的影响，农业收入最大化目标对提高大宗农产品竞争力目标的影响，维系土地碎片化的政策取向对培育现代农业的政策取向的影响。中国已经到了迈向发达经济的阶段，此时的政策重点应由短期目标转向长期目标，要从土地资本化对土地资源化的替代入手，创造有利于培育现代农业、提高大宗农产品竞争力的环境。从供给侧的角度看，农业政策的主要问题有以下几点。

1. 过于强调超小规模农业对于维护社会稳定的重要性

政策是以所有农民具有同质性为前提的，而不区分专业农民与兼业农民的差异，第一类专业农民和第二类专业农民的区别（第一类专业农民是经营规模适度、收入以农业为主且总收入同举家外出的农户的收入基本一致的农户，他们经营的农业占农业总量的比例是衡量现代农业发展水平的重要指标；第二类专业农民是经营规模极小、收入以农业为主但远远低于举家外出的农户的收入的农户，他们经营的农业占农业总量的比例是反映传统农业改造程度的重要指标）。

政策强调增加所有农民的农业收入的重要性，且该目标优先于提高农业竞争力目标。其实，农民的农业收入的增长要建立在农民数量不断减少、农民的平均经营规模逐渐扩大的基础上，而不能建立在农业不改进、农民不多干也可多得的补贴政策上，更不能把这种违背市场经济原则的做法解读为经济发展的客观规律要求。

2. 过于强调农产品附加价值最大化的重要性

狭义的恩格尔系数是指食物支出占生活支出的比例。恩格尔系数会随着经济发展水平的提高和居民收入的增加而趋于下降。其实，其他生活必需品支出实际上也具有这个特征，将恩格尔概括出的这种现象拓展到其他生活必需品支出上就是广义的恩格尔定律。恩格尔系数的下降是由新的消费品的出现引起的，也是形成新的有效需求的基本条件。就此而言，以增加农产品附加值的方式来抑制恩格尔系数下降，会产生制约新的消费品需求的负面影响。

农产品的消费者总是多于农产品的生产者，一个国家的经济发展水平越高，这个差值就越大。为了维护更多人的利益，政府的主要责任是确保农产品质量安全，并将农产品价格维系在适宜的水平上，而不是倡导农产品附加价值最大化。

农产品是生活必需品，要树立农产品越鲜活、添加物越少、生产加工的能耗越低越好，而不是加工程度越高、农产品价格越高越好，更不宜将其衍生为奢侈品，使之成为国内最富裕阶层的炫耀性消费产品。

研究农产品供给既要考虑生产者利益，也要考虑消费者利益。要按照"一方水土养一方人"的理念，尽量提高鲜活农产品的比例，尽量缩短农产品运输距离和冷藏时间，尽量减少农产品的损耗和能耗，让所有消费者享用安全、营养、低碳和低价的农产品。农产品加工要以营养和健康为优先目标，不能为了追求农产品附加价值最大化而添加各种色素和味素，为改进食品外观或口感而不惜损耗食品原料中的营养。追求农产品附加价值最大化的另一种做法是生产依靠自然力生产不了的农产品。具体措施是：借助于设施农业生产反季节食物；利用气候带的差异和长途运输为特定地区提供反季节农产品；通过冷藏库储存、冷藏车运输、冷藏柜销售的冷链体系提供农产品。这三种做法不会提升食物的任何效用，却耗用了大量能源并导致大量碳排放。为了尽可能地降低农产品达到供需平衡的能耗，必须将它们的发展控制在适宜的水平上。

3. 过于强调农产品数量目标的重要性

把农产品数量目标置于优先地位，在政策上必然强调农业补贴必须同粮食生产挂钩，同大农户、重点产区挂钩，而不分析为什么发达国家会采取脱钩政策。美国的确曾实行过目标价格政策，但很快就放弃了。我们很快就跟进，却未能及时地分析它们为什么会放弃目标价格政策。

4. 过于重视短期目标的重要性

过去，由于过于强调短期目标，我国把精力放在用足8%的"黄箱"政策上；美国为了使其他国家没有抵制其农产品出口的口实，采取了将"黄箱"政策全部转为"绿箱"政策的措施。现在，过于强调短期目标，我国把精力放在如何养好 65% 的税率抵御国外农产品进口上。其实，推进农业供给侧结构性改革，并不是为了扭转农产品进口的局面，而是通过农业的提质、转型、升级，使国内生产的农产品具有国际竞争力。现在的主要问题不是农业转型能力不足，而是农业转型意愿不足。直截了当地说，就是在农业超小经营规模已经制约现代农业发展的情形下，仍将农业超小经营规模视为社会稳定的基础，仍将农民增收维系在农业超小经营规模的基础上。农民利益确实需要保护，但保护方式必须改进，例如从平等国民待遇入手构建失业养老体系，从倡导股份化入手构建土地收益分享机制，而不能停留在让他们把小块土地当作失业保障和养老保障的层面上。

5. 过于强调同生产挂钩的农业补贴政策的重要性

毋庸讳言，现实中化肥的过量使用、地下水的超采、农产品的库存积压以及农产品成本、劳动力成本和地租（土地流转费）的快速上升，都与农业补贴相关。例如，河南省各地政府按一亩地一年 1000 元的租金向农户租用高速公路、高速铁路、南水北调主干道两旁的绿化用地，对农地流转费快速上升有很强的拉动效应。政府对农业项目的大量补贴对农业雇工的工资率的上升也施加了较大的影响。

有些学者以欠发达阶段的工业和城镇发展是靠农业推动的为理由，提出了进入发达阶段后工业和城镇应履行促进农业发展的责任的反哺理论①。农业的确曾为工业化、城镇化做出过贡献，据此要

---

① 例如，李佐军在《我国工业反哺农业的条件和特殊任务》一文中指出，从工业化国家或地区的历史经验看，当人均 GDP 超过 3500 美元、非农产业产值占 GDP 的比重超过 85%、非农部门劳动力就业比重高于 60%、城市化率超过 40% 的时候，就基本具备了工业反哺农业的条件。

求工业和城镇给予农业一个短期的反哺或许是合理的，然而以农业与其他产业相比具有弱质性为理由要求持续地获得反哺却是不适宜的。农业处于欠发达阶段时表现出来的弱质性，必须通过发展现代农业来加以消除。反哺只能消除这种弱质性的负面影响，却改变不了农业处于欠发达阶段的状况；而且外部的反哺力度越大，以发达农业替代欠发达农业的内在动力就越小，农业停留在欠发达阶段的时间就越长。农业停留在欠发达阶段的时间越长，就越容易把农业处于欠发达阶段的弱质性特征误以为农业的产业特征。无论农业哺育工业还是工业哺育农业，这类违背等价交换原则的策略可以作为权宜之计，但不能成为长久之计，使工农业永远处于不等价交换状态。真理向前多迈一小步就会成为谬误，不断偏离等价交换原则一定会铸成大错。

中国现在面临的并不是部分农产品供过于求、部分农产品供给不足的问题，而是生产出来的农产品缺乏市场竞争力和安全性达不到消费者要求的问题。农业供给侧结构性改革绝不是削减库存量大的农产品生产，增加进口量大的农产品生产就能奏效的。大豆是竞争力更低、更早被替代的农产品，现在将玉米改为大豆，很可能不是适宜的应对之策。积压在仓库里的玉米实际上是政府的价格支持政策刺激出来的，倘若政府不让市场在价格形成机制中发挥决定性作用，而只是将价格支持政策转向大豆，那么下一步积压在仓库里的很可能就是大豆。

推进农业供给侧结构性改革绝不是因为农业保护或支持力度不够。以农业天生具有弱质性为理由要求政府为农业增加生产性补贴，它的正面效应会瞬时释放出来，它的负面效应会不断累积起来，最终会导致补贴越来越多，农业越来越弱。其实，农业处于欠发达阶段的弱质性会随着其进入发达阶段而消失。所以，农业供给侧结构性改革的主要任务是推动农业进入发达阶段，而不是用保护或支持的方式延续欠发达阶段农业的弱质性。

中国整体上正在跨入发达国家的门槛，少数发达地区已经与发达经济体并驾齐驱。农业供给侧结构性改革必须适应经济发展阶段跃迁的要求，培育具有竞争力的现代农业，适应国民吃饱、吃好到吃得健康的转变。农业补贴同农业生产脱钩是世界各国农业政策转型的内容之一。例如，为了在国际贸易中占据更有利的位置，美国已经取消了所有合乎"黄箱"政策要求的农业补贴。我国农业政策不仅要跳出挖掘"黄箱"政策潜力的窠臼，通过生态优先的政策调整实现农业补贴与生产脱钩的目标；还要通过技术、制度和组织创新，全方位地提高农业全要素生产率，实现农业增长与要素投入脱钩。

6. 过于强调自给的粮食安全政策的重要性

粮食安全是指所需粮食买得到且买得起的状况，它不宜仅用粮食自给率来评价。近些年来，国家不断重申要保持95%以上的粮食自给率。为了提高粮食安全水平，有人建议把产量更高的土豆提升为第四大主粮。然而这种调整改变不了中国农地资源的稀缺性。

以国际贸易方式解决粮食安全问题是耕地紧缺的东亚经济体的基本政策。东亚发达经济体的粮食自给率都很低，日本的粮食自给率不足40%，韩国和中国台湾的自给率不到30%。粮食不安全的实质不是自给率而是贫困，这也是现在非洲一些国家陷入饥饿问题的主要原因。为了减少政治风险，中国政府进口粮食时要尽量分散进口国家，同时鼓励居民到南美洲、非洲以及中亚等耕地富余国家投资农业，世界粮食总供给量多了，粮食安全水平就提高了。国内学者很关注莱斯特·布朗最初撰写的《谁来养活中国》这篇文章。

其实当他了解了中国发展状况之后，又撰写了名为《中国会让世界挨饿》的一篇文章。文中提出，中国大量进口粮食有可能会提高粮价，使其他发展中国家更加买不起粮食。所以抑制国际粮价上涨，消除我国进口粮食对经济发展水平更低的发展中国家的负面影响，是我国必须承担的责任。

7. 不太重视政策出现的偏差

针对我国部分农产品出现供给过剩的问题，农业主管部门迅即采取压缩玉米和棉花种植面积的政策举措，无疑是正确的。遗憾的是，管理部门并未反思这些产品供给过剩的原因。总的来说，玉米、棉花供给过剩是政府信号出了差错，而不是市场信号出了差错。如果管理部门在认识上仍然停留在政府比市场灵、官员比农民灵、政府层级越高越灵、官员级别越高越灵的思维定式，就有可能继续出现先花钱买过剩、再花钱消除过剩的现象，所不同的可能是花钱的项目会有所不同。

一言以蔽之，倘若官员仍然试图通过自己的努力实现农民的理想，而不是依靠广大农民实现自己的理想，中国的体制转型就不会真正完成。

（三）政策研究

1. 顾此失彼的现象

例如征地研究，往往只讲被征地的农民和征地政府之间的公平问题，而不讲未被征地的农民和被征地农民的公平问题。从总体上看，被征地的农民总是少数，如果不处理好两个公平的关系，就无法阻止土地非农化的冲动，建设用地的利用效率就会变得越来越低下，化解粮食安全风险的能力就会越来越弱。

例如农业用水研究，只强调打井的必要性和可行性，而不太重视地表水灌溉体系的建设。从农业可持续发展的角度来说，应尽量开展地表水对地下水的再替代工程建设。我国的中原地区在很长时间里采取的是雨养农业和地表水灌溉农业的模式。人民公社体制的解体，导致建设和维护地表水灌溉体系的组织者缺位问题。对此，农户最简单的选择是以井灌替代渠灌。这种选择对农户来说是合理的，对国家来说却是不合理的。农户知道地下水位急剧下降的严重危害，但他们无力消除。中国西北地区的小麦、玉米的单产同中原地区相差无几的事实表明，井灌并不是实现高产的唯一措施。中原地区降水量远远大于西北地区，更具备采用保墒情的做法。而要有所变化，必须要有绝不能用几乎不可再生的深层地下水资源置换短期的粮食产量的认识。

例如农业基础设施项目的招投标研究，以强调名义上的市场化方式排斥所在社区参与竞标。这不仅有权利不公平的问题，还有工程质量缺陷暴露出来后难以解决的问题。如果允许社区参与竞标，并以具有法律效力的合同把社区的权利、义务界定清楚，既保障了权利的公平，又能有效解决可能存在的遗留问题，还能节省一半费用，何乐而不为呢？

2. 固执己见的现象

例如做实私权做虚公权，往往只讲证明自己的观点正确的案例，而不太关注农民的想法。改革初期，土地几乎是农民生计的唯一来源，农民此时必然要求尽可能地把土地分平均，这是改革初期农村社区经常调地的一个原因；农村社区大多留有机动地，能为调地提供支持，则是改革初期经常调地的另一个原因。随着农民就业结构的提升和生计来源的多元化，均分土地的重要性逐渐下降，满足调地要求的机动地的面积逐渐减少，特别是"增人不增地、减人不减地"的政策引导，农村社区调地的做法慢慢减少了。

也就是说，中央文件和国家政策是影响农户决策和行为的因素之一，农户的生计来源、调地条件和市场信号，也是影响他们决策和行为的因素。如果忽略了其他因素的影响，得出的结论就有可能以偏概全。我们在调查中发现，虽然农村社区有调地和不调地以及多调地和少调地的差异，但这些社区的农户决策和行为并没有显著的差异。农户都把非农就业作为优先选择，地块之间的产量差异几乎都在缩小，这说明调地和不调地的影响是较为有限的。因此，做实私权做虚公权就可以使农业发展问题迎刃而解的假设，是需要论证的。

农民对土地一直都是很关注的。然而，农民的关注点是随着土地用途的变化而发生变化的：农民过去从生计来源的角度关注土地，现在从不动产的角度关注土地。土地已经超出农业的范畴，研究农业供给侧结构性改革，必须注意到土地的这种变化对农业生产的影响。

3. 越俎代庖的现象

比如由国家出资为集体经济组织做好农户的农地产权登记，倡导这件事情的用意是好的，但是集体资产的产权登记应该由集体组织成员自己决定。倘若集体经济组织有这个诉求，政府有责任提供支持。然而，政府将其作为一项工作自上而下地推进，在法律上是经不起推敲的。如果政府有权力对集体经济组织的土地产权进行界定，也就有权力对家庭的产权进行界定（即使法院行使这种权力，也要以受托为前提）。

再比如"一事一议"制度，自上而下地做出一个项目，集资每人每年不准超过 30 元、每年每个劳动力用工不准超过 15 个等规定，用意也是好的。然而，这种做法实际上干扰了村民自治。"一事一议"制度的核心是集体决策、集体行动，而不是这两个自上而下的规定。我们在调查中发现，采用"一事一议"制度做事需要花费很多精力，只有较大的事情才值得花费很多精力。在这两个规定的约束下，"一事一议"制度只能做一些小事情。做这些小事找村民不如找政府，所以村干部失去了运用"一事一议"制度的积极性。

四　生态层面的问题

第一，土地重用轻养问题。土地既要有适度合理的耕作、轮作和免耕措施，又要有增施有机肥、平衡施用化肥，并通过绿肥、秸秆还田保持肥力的措施，还要加强农田基础设施建设，合理灌溉、涵养水土。然而，在权责不平衡并且监管缺失的情况下，农户对土地的生产经营很容易走向"重用轻养"。大家更关心如何充分利用土地多种粮食，尽可能种植市场收益高的经济作物，甚少考虑免耕和培肥以保持土地肥力，甚至为了追求高产量，不惜过度使用化肥、农药。过度耕作可能竭泽而渔透支土地肥力，过度使用化肥、农药则会造成土壤板结退化、化肥农药残留污染等问题。此外，一些地方尚未建立现代化的农业生产经营模式，原始、分散、小规模的传统农业生产方式也不利于保护土地质量。

第二，过度耕作问题。近年来城郊的日光温室等设施农业存在过度耕作的问题，其破解同样需要从供给侧入手。

第三，土层变薄问题。例如产粮大县吉林榆树的厚层黑土所占比例已经从 20 世纪 50 年代的 39.8% 下降到目前的 20%；厚度由当年的平均 60~70 厘米，下降到目前的平均 20~30 厘米，并且以每年 0.3~1 厘米的速度流失。如果任由这种状况持续下去，几十年之后，肥沃富饶的黑土地，也许只能残留在记忆之中了。[①] 黑土层流失的原因十分复杂，对土壤过度使用而疏于养护是其中的一个重要原因。在实施包产到户的过程中，一些地方强调农户对土地的承包权和经营使用权，但对土地的养护责任义务界定不清晰，落实不到位，忽视农村集体组织对土地经营使用行为的统筹管理和规范，这是造成现状的重要制度根源。

第四，滥用地下水问题。农业所需的水资源应以天然降水和地表水为主，缺水年份的补充灌溉可用浅层地下水来满足；必须对采用多级提灌方式和完全依赖地下水的灌溉农业的发展加以限制。在农产品极端短缺的情形下，以短期效益换取长期效益还情有可原，在农产品供需平衡的情形下，采用这种做法是不可原谅的。

第五，滥用饮食文化问题。中华民族是最花心思吃的民族，但食不厌精的文化不值得大张旗鼓地宣扬，吃遍全国、吃遍世界的做法不值得提倡，更不能以物以稀为贵为理由逆潮流而动，种植被淘汰的低产品种甚至野菜。我国应该像其他国家那样，不断地筛选出并种植更适应本国生态系统的农作物。

五　认知层面的问题

第一，固守对已有知识的认知。虽然管理干部和研究人员都知道，现有的知识体系还有进一步完善的空间，但在现实中却几乎都

---

① 封寿炎：《黑土不肥？耕地再不能用而不养》，《解放日报》2015 年 12 月 3 日。

是根据已有的知识改造生态系统，而不是根据生态系统的状况研发知识。不是根据土地的肥力状况配置同土地肥力相适宜的作物或作物品种，而是根据作物的肥力要求提高土地肥力，由此衍生出巨大的中低产田改造任务。不是根据农地生态系统的状况配置与其相适宜的农作物，而是按照已有作物的要求完善农业基础设施体系，由此衍生出巨大的农业基础设施建设任务。其实，满足口粮绝对安全所需的耕地并不是很多，无须将越来越多的耕地改造成配置灌溉设施的高产田。对于不太适宜改造成稳产高产田的中低产田，种植对肥力和水分要求都不太高的牧草，发展适地适种的近自然农业，或许是更为适宜的选择。

第二，固守成功经验的认知。世界上确实有基于农地私有化的农业发展的成功经验，一些学者据此倡导中国进行农地私有化改革。其实从中国、越南、以色列的实践看，农地私有化并不是农业发展的充分必要条件。中国既要认真总结改革前农地集体所有的教训，也要认真总结改革后农地集体所有的经验，为世界农业发展提供新的经验和新的认知。

第三，固守习惯做法的认知。中国管理层既不愿承认政府干预农业有失误，也不愿放弃政府引导农业的主导地位。其实，现在已经不宜继续采用这种习惯做法了，因为中国农业目前的问题是农产品市场竞争力的下降，而不是有些农产品生产多了，有些农产品生产少了；是创新指向不完整，评价机制不完善，而不是国家扶持农业创新的资金不足；是要尽快让市场机制在资源配置上发挥决定性作用，而不是调整政府干预内容和完善干预方式。

第四，藐视市场机制的认知。从理论上讲，地区间的发展是从不均衡逐渐走向均衡的。在这个过程中，由投资边际效益递减规律引发的稀缺要素流动，会使地区间资源配置的效率差异逐渐消失。然而，几乎所有地方干部都没有等待的耐心，都在想方设法地改变由市场机制引导的稀缺要素流向，以便自己主管的地区更早地得到发展。由于稀缺资源流动取决于政府优惠政策而不是资源比较优势，市场机制就不可能在资源配置中起决定性作用。地方干部对稀缺要素的需求越大，地方政府优惠政策的力度就越大，资源配置扭曲就越严重；地方干部吸引稀缺资源的竞争越激烈，政府优惠政策的力度就越大，资源配置扭曲就越严重。这两个因素迭加在一起，政府优惠政策力度就更大，资源配置扭曲就更严重。这种藐视市场机制、按照自己意愿引导稀缺资源流向的认知，使政府干预和以长期效益为代价追求短期繁荣成为现实中的常态。

第五章 农业供给侧结构性改革与
发展现代农业研究

一 我国现代农业发展概况

作为一个拥有 13 亿多人的人口大国，中国必须打造微观经营组织具有自生能力、就业具有产业竞争力、产品具有国际竞争力的现代农业。只有这样，农民方能成为体面的职业，农村方能成为农民安居乐业的家园。道理非常浅显，即依靠反哺维持再生产的农业劳动者收入再高，也不会有尊严和体面的感觉。

尽管最近 20 年我国的农业政策强调反哺，并对农业提供了大量的财政转移支付，但至今还没有走得太远。例如，日本、韩国等东亚发达经济体市场上的国产大米价格高于进口大米数倍，中国市场上出售的大米是按质论价的，价格信号并没有扭曲，这意味着我国提升农业自生能力的外部压力依然存在。我国正在采用测土配方施肥、水肥一体化等技术，加快土地流转和发展农民合作社等措施努力提升农业自生能力，这些实践表明我国建立合乎市场经济体制要求的现代农业的内部动力依然存在。我们要充分利用这种把农业做强的外部压力和内部动力促进现代农业的发展，并改善工业化、城镇化的发展环境；通过工业化、城镇化的推进，改善现代农业生产要素供给和剩余农业劳动力吸纳的现状，推动农业现代化的进程。

（一）改革开放以来的农业发展

1. 改革开放以来的农业变化

改革开放以来，中国农业发生了很多变化。一是除了乳制品外，我国农产品的人均占有量已经超过世界农产品的人均占有量。二是隐蔽失业基本消除。1991 年我国种植 1 亩玉米实际投入 15 个工日，而我们关于种一亩玉米实际需要几个工日的农户调查结果是 8 个工日，它们之间的差异就是隐蔽失业。现在隐蔽失业的情形已经基本消失。三是农业增产增收主要依靠技术进步和提高技术效率，而不再是扩大耕地面积和提高耕作强度。四是适度规模经营的耕地面积占耕地总面积比重、外包的农业作业量占农业总作业量的比重和农业收入的集中度逐年上升，这意味着中国农业正在不断做强。五是全要素生产率对农业增长的贡献率越来越高。虽然人民公社体制下的农业技术推广体系很完整，但那个时期农业总要素生产率是负的；现在政府主导的农业技术推广体系的完整性有所下降，但市场引导的农业推广体系正在变得越来越强。因此，以政府主导的农业技术推广体系弱化为依据做出整个农业技术推广体系趋于弱化的判断是不适宜的。

2. 我国农业发展面临的问题

我国农业面临的问题主要有三个。一是劳动力、地租和生产资料价格快速提高，造成农产品成本增加进而农产品价格快速攀升，导致国内农产品的价格已经高于配额内进口农产品的价格。

二是过量施用化肥、农药和规模化畜禽、水产养殖造成的污染，对环境施加的负面影响越来越大。三是国民的食物需求已由吃饱、吃好转为吃得健康，而生产和加工出来的食物难以满足国民吃得健康的新诉求。

3. 我国与世界各国的农业发展的共性

不同国家之间资源禀赋有很大的区别，农业现代化道路也有很大差异，但是发展结果却具有相似性。一是农业发展越来越依赖于技术、制度和组织创新，具体表现为全要素生产率对农业增长的贡献率越来越高；二是农业增长对土地、水资源、资本和劳动力的依赖性逐渐下降。世界各国的共同做法有以下几点：通过完善基础设施体系提高农业应对气候变化的能力；通过休耕和农作物保障计划稳定农业生产；通过健全法制维护市场秩序和保障公平交易；通过制定农业法案为制订农业科研、教育、推广的行动纲领和编制相应的财政预算提供依据；通过土地集中政策促进农场规模化经营；通过专业化政策促进农业分工；通过农业技术研发推广政策为农业现代化提供支持；通过农业风险防范机制降低农民投资风险；通过制定化肥农药等施用标准保障食物质量和环境安全。

4. 我国农业现代化道路

在农村人口流动性增强、农民分工分业加快、农业生产集约化程度提高等因素的共同作用下，我国已进入加速发展现代农业的战略机遇期。发展现代农业，旨在提升农业自生能力和市场竞争力，消除传统农业的弱质性和化学农业对环境的破坏性。现代农业是由科学技术体系、微观经营体系、农业产业体系和政策法规体系"四轮驱动"的，而且这四个"轮子"都在发生深刻的变化。其中，科学技术体系已由关注机械化、电气化、水利化和化学化转为关注生物技术、温室技术、电子技术和信息技术等；微观经营体系已由关注集体化与私有化的优劣比较转为关注适度规模经营和三产融合经营；农业产业体系已由关注产量和产出效率转为关注产品安全、资源节约和环境友好；政策法规体系已由关注政策的完整性转为关注法律的严密性。

二 现代农业基本含义及主要内容

1. 现代农业的概念

20 世纪 50 年代，现代农业被概括为"四化"，即机械化、水利化、化学化和良种化。20 世纪 80 年代初，现代农业被概括为"三化"，即农业基本建设现代化、农业生产技术现代化和农业经营管理现代化。由于把原先的"四化"概括为农业生产技术现代化，所以同第一个现代农业的概念相比，"三化"增加了基础设施建设和经营管理等内容。20 世纪 90 年代中后期，现代农业被概括为"六化"，即农民生活消费现代化、农业经济结构现代化、农业基础设施现代化、农业科学技术现代化、农业经营管理现代化和农业资源环境现代化。同第二个现代农业的概念相比，"六化"增加了农民生活消费、农业经济结构和农业资源环境等内容。由此可见，我国学术界对现代农业的认识是逐步深化的。

2. 现代农业的特征

现代农业是针对传统农业提出来的。与按照农业的外在特征界定现代农业的做法不同，经济学家是根据资源配置的特征来界定传统农业和现代农业的。其中，传统农业是追求产量（或效用）最大化的农业，它的资源配置特征是投资到边际产出（或效用）为零之处；现代农业是追求利润最大化的农业，它的资源配置特征是投资到边际投入等于边际产出（或效用）之处。

现实中的传统农业主要有两种类型，一种是以精耕细作为特征的传统农业，另一种是以广种薄收为特征的传统农业。现代农业也有两种类型，一种是以化学品替代土地为特征的现代农业，另一种是以机械替代劳动为特征的现代农业。前一种传统农业和现代农业，是土地资源相对稀缺的地方的主要情形；后一种传统农业和现代农业，是土地资源相对丰富的地方的主要情形。

中国是土地资源相对稀缺的国家，所以在传统农业阶段倾向于精耕细作，在现代农业发展阶段又倾向于用化学品替代土地。化学农业的推广，使农产品产量得到极大的提高，但是化肥、农药和农膜的过量使用，又影响了农产品的质量安全，造成了生态系统恶化和环境污染，进而影响可持续发展。2010 年完成的第一次全国污染源普查结果显示[①]，农村排放的化学需氧量占全国的 43%、总氮量占全国的 57%、总磷量占全国的 67%。这几个数据表明，化学农业已经成为污染的主要来源之一。这样的现代农业进程受到了越来越多的质疑。

必须指出的是，中国的状况并不是现代农业发展的基本特征。100 多年来，世界各国发展现代农业的道路并不相同，但发展的结果却有很大的相似性，即农业增长对土地、劳动力、水资源的依赖性逐渐下降，对资本的依赖性也逐渐下降，技术进步对农业

---

① 周小苑：《历时两年摸清污染源"家底"》，《人民日报》（海外版）2010 年 2 月 10 日，第 4 版。

增长的贡献率越来越大。因为农业发展越来越依赖于技术进步，所以不仅农业资源禀赋丰富的国家（例如美国、加拿大）具有发达的农业，而且农业资源禀赋不丰富的国家（例如以色列、荷兰）也具有发达的农业。

3. 现代农业的演进

现代农业在发展过程中出现的问题，主要是为追逐短期利润最大化而滥用化肥、农药等要素。然而，我们必须客观公正地评价现代农业，不能根据这些暂时性的问题否定现代农业。

第一，现代农业的发展尚处于初级阶段。如果说目前的现代农业通过工具革命实现了机械动力对畜力、人力的替代，通过要素革命实现了化肥、化学农药等无机物对农家肥、生物农药、害虫天敌等有机物的替代，那么继起的现代农业，将通过技术革命（主要是生物技术和信息技术）实现无形要素对有形要素的替代，实现农业资源深度开发、农业生态系统保护和农业可持续发展的有机统一。

第二，以技术革命为支撑的现代农业是现代农业的升级版，它和目前的现代农业有很大的相容性，它剔除的是发展现代农业过程中出现的矫枉过正的内容。

第三，以技术革命为支撑的现代农业绝不是现代农业的"终结版"。它在发展过程中同样有可能隐藏着这样或那样的问题。随着这些问题的暴露，又会针对新的问题开展更高层次的创新，以剔除新出现的矫枉过正的内容，形成更高版本的现代农业。

（二）现代农业的主要内容

简略地说，现代农业是能适应农产品需求结构变化而及时做出调整的农业，是能保障农产品供需总量平衡的农业，是能消除已经暴露出来的各种问题的农业。现代农业会根据农产品需求结构的变化调整生产结构，而不会片面强调资源比较优势。现代农业会根据供需总量平衡的原则配置资源，而不会片面强调高附加价值化、利润最大化和有机化。现代农业会为长期利益、全局利益而适当放弃短期利益、局部利益，以确保它对资源、生态和环境施加的压力不超过它们各自的承载力。

1. 产业结构

初级的现代农业大多是以种植业为主的，继起的现代农业是以养殖业为主的。例如，发达国家的食品工业原料的80%来自养殖业，15%来自水果、蔬菜，只有5%来自谷物。从长远看，中国不可能成为例外①，所以不宜以中国国情特殊为理由否定并排斥这个过程，而要循序渐进地推进。

传统农业只关注食物生产而不区分口粮与饲料粮，初级的现代农业形成了口粮和饲料粮的二元生产结构，继起的现代农业形成的是口粮、饲料粮和牧草的三元生产结构，即它通过种植豆科牧草获得蛋白质饲料，弥补谷物饲料的蛋白质不足。牧草生产的产业化有三个原因：第一，常年生长的牧草（紫花苜蓿的生长期为25年，三叶草为20年，禾本科的黑春草为7~10年）与生长期仅为几个月的农作物相比，光合作用效率更高，合成的生物量

---

① 1952年，种植业占中国农业总产值的85.9%，养殖业（包括畜禽和水产）仅占12.5%；2012年，种植业的份额减至52.5%，养殖业的份额升至40.1%。随着养殖业所占份额超过种植业，中国农业也将成为养殖业主导型农业。中国工程院的一项研究表明，2015年，养殖业将超过种植业成为最大的农业部门，2020年和2030年，养殖业占农业总产值的份额将分别达到52%和55%（孙自法：《2015年养殖业总产值将超过种植业》，《农业知识》2013年第33期）。

更多。据统计，豆科牧草的单位面积蛋白质产量是谷物的 5～10 倍。所以从 20 世纪 50 年代起，种草的国家越来越多。荷兰、法国、英国、德国、澳大利亚、新西兰等国家，50% 以上的耕地用于种草。即使是谷物出口最多的美国和加拿大，牧草种植面积占耕地面积的比例也高达 40%。2001 年，美国有 219 万农户，其中种草养牛农户 123 万户，占农户总数的 50% 以上。1997 年，荷兰有种草养牛农户 60283 户，占农户总数的 65%。2009 年，美国牧草种植面积为 2435.4 万公顷，产量 1.52 亿吨；青贮玉米种植面积为 241.4 万公顷，产量 1.12 亿吨；加拿大牧草种植面积为 737.9 万公顷，产量 3043.2 万吨。2008 年，国际牧草产品贸易量为 694.40 万吨，贸易额 22.89 亿美元，比 1962 年增加了近 87 倍。第二，牧草耐旱节水，可以在 200～300 毫米降雨量的半干旱地区种植。这些气候条件不适宜种植谷物的地方，却适宜牧草生长和牧草的收割、翻晒等，种植牧草使这些地区的农业比较优势得到了发挥。第三，多年生牧草是保持水土的理想作物。美国的一项调查研究表明，在 5 度的坡地上，白茬地每公顷年土壤流失量为 7 吨，一年生作物为 3.5 吨，人工林为 0.9 吨，多年生牧草为 0.02 吨[①]。

循序渐进地推进产业结构变革，提高粮食生产分工的专业化水平，对中国显然是有利的，所以不宜以中国国情的特殊性而否定或排斥这个过程。

随着国民收入的提高，居民对畜禽水产品的需求会继续提高，畜禽水产养殖业在农业中的地位会继续提高，并逐步成为最重要的

---

① 刘振邦：《发达国家的农业现代化》，《科学与现代化》2005 年第 5 期。

部门。为了更好地顺应需求做好转变，必须构建畜禽水产养殖、肥料生产、屠宰加工和饲料生产四位一体的养殖业体系。畜禽养殖企业的规模经济远远小于肥料生产企业的规模经济，以末端治理的方式要求每一个畜禽养殖企业治理好畜禽粪便，会导致企业生产成本增加，产品竞争力下降。以发展循环经济的方式实现一个专门从事肥料生产的企业同一批规模化养殖企业连接，可以有效地解决这个问题。从循环经济的角度看，除了连接这两类企业外，还要连接屠宰加工企业、饲料生产企业。屠宰加工企业的剩余物进入饲料生产企业，生产出来的饲料进入畜禽养殖企业，养殖业的循环经济链就形成了。

在传统农业阶段，种植业和养殖业是合二为一的。家庭的劳动力从事各种各样的生产活动，可以更好地配置劳动时间，实现充分就业，但这种生产组织方式是以牺牲生产效率为代价的。现代农业既要通过分工来提高生产效率，又要通过合作构成完整的产业链。所以，发展现代农业必须从两方面入手，一要通过分工，实现口粮生产、饲料粮生产和牧草生产的专业化，以及畜禽生产、肥料生产、屠宰加工、饲料生产的专业化；二要通过促进畜禽养殖企业、肥料生产企业、屠宰加工企业和饲料生产企业的空间集聚，实现循环经济对污染治理的替代。

2. 技术体系

简略地说，农业技术要从目前的劳动密集、土地密集、资本密集三个特征拓展为包括技术密集和信息密集的五个特征。为此，要加快包括新的动植物品种获取技术、新的细胞和蛋白获取技术等技术创新，例如，利用胚胎移植和分割技术，一头母牛一年可繁殖80头小牛，一头母猪一窝可产出30头小猪，占地1亩的温室每天可生产 300 多公斤的蔬菜①。要加快卫星遥感定位和生物自动管理等现代信息技术创新，对农产品生产和农业生态系统进行有效监测，使作物的营养供给与营养需求在数量上和时间上都高度匹配，将化肥和农药用量控制在环境可承受的范围内，使农产品供需平衡和资源、环境永续利用有机地统一起来。

以物种间的基因转移和重组为内容的基因工程和细胞工程的发展，会极大地拓展生物种质资源和杂种优势的利用，但这种最大限度地简化复杂的生物演化过程的创新也有可能出现偏差，产生难以应对的突发性的风险。我们不能因为这种风险的存在而排斥这条技术创新路线，所需做的工作是建立控制风险的快速反应机制，一旦发生风险，能尽快地化解之。

3. 政策体系

简略地说，所谓新的政策体系，就是将瞄准农民收入、农产品数量安全、有形服务的政策体系拓展为瞄准资源、生态、环境保护、农产品质量安全和无形服务的政策体系。第一，要多补具有乘数效应的公共品，少补不具有乘数效应的私有品。具体地说，就是把重点放在农业技术研发上，同时将目前按行政区划配置农业研发资源的体制，改为按农区类型配置农业研发资源的体制。第二，要多补具有长期效应的投入品，少补只有短期效应的投入品，逐步将目前补贴对资源、生态、环境施加负面影响的化肥、农药、地膜和不利于农产品质量安全的饲料添加剂等投入品的政策，调整为补贴有机肥、生物农药、可降解地膜、无副作用的饲料添加剂等投入品

---

① 文一禾：《发达国家建设现代农业的几点启示》，https://www.people.com.cn/GB/32306/33232/5840309.html。

的政策，促进它们对常规化学品的替代，使化肥、农药、地膜的使用趋于合理。第三，要多补提供无形服务的生态系统，少补提供有形服务的经济系统。具体地说，就是要把政策的重点从追求局部经济利益最大化和解决"近渴"的策略，转变为追求整体利益最大化和解决"远渴"的策略。

（三）我国发展现代农业的进路

1. 促进现代农业发展的产业举措

第一，优化农业产业体系。具体而言，优化农业产业体系包括构建以家庭农场为基础、以合作为纽带的农业经营体系；建立多层次、多类型的农业作业外包服务体系，将农业产前、产中、产后连为一体；发展设施农业，消除水、土、光热资源不匹配对农业资源效率的制约；推广近自然农业，控制农药、化肥、薄膜和地下水用量，解决土壤侵蚀、土壤盐化、地下水位下降等问题；加快技术对资本、土地、劳动力的替代；促进产业融合，培育融生产、生活和生态于一体，高质高效可持续的农业新业态。

第二，发展适度规模经营。要提高农民非农就业技能和非农就业收入的稳定性，促使他们形成放弃兼营农业的意愿；要抓住现在越来越多的农民不愿从事超小规模农业的有利时机推进农业适度规模经营，培育一批能在农业中充分就业且收入不低于在非农产业就业的农户的核心农户。所谓适度规模经营，就是指主要从事农业的农户能达到主要外出打工的农户享有的福祉。职业农户的福祉不低于打工农户的福祉，农地经营规模至少要达到30亩。假如9亿亩耕地按户均30亩配置，6亿亩耕地按户均60亩配置，余下3亿亩耕地维持原状，农业可容纳7000万个农户，农业人口约占总人口的 20%。这个适度规模经营的最低标准，是中国迈入现代农业门槛的指标之一。中国现在的农业人口占总人口的 40% 多，这意味着我国农业人口转移的任务还远远没有完成，中国农业还远远没有迈入现代农业的门槛。

第三，细化粮食生产结构。我国的粮食生产在很长时期内是不区分口粮与饲料粮的，现在开始区分口粮和饲料粮，但是还不够，今后还要把口粮、饲料粮和饲草粮区分开。饲草粮生产的出现有四个原因：一是多年生牧草与每年种植、成活百十来天的谷物相比，对来自自然界的光热资源利用更充分，因而产量更高。二是豆科牧草的粗蛋白含量更高。据调查，作为牲畜饲料，1 公斤苜蓿可提供的营养约等于 0.8 公斤玉米、豆粕等常规精料。苜蓿产量比谷物产量高得多，所以种植苜蓿可获得的可比饲料产量要大大高于种植谷物可获得的可比饲料产量。三是牧草耐旱省水，可以在降雨少的半干旱地区种植。这些不适宜种植谷物的地方种植牧草具有比较优势。四是牧草具有保持土壤肥力和水土的功能。豆科牧草的根瘤能固定空气中的氮，具有改善土壤结构和提高土壤肥力的作用，可以在获得经济利益的同时获得生态效益。据调查，在 5 度的坡地上，种植多年生牧草的年均土壤流失量为每公顷 0.02 吨，而种植一年生谷物的年均土壤流失量为每公顷 3.5 吨，在半干旱地区的缓坡地上种植牧草替代谷物有利于水土保持。

我国居民的膳食结构正随着收入水平的提高而改善。这种改善是同增加鱼、肉、奶、蛋供应量相联系的。牧草饲料的种植可以减少畜禽对饲料粮的需求，降低养殖成本，提高畜产品的市场竞争力，提高经济效益，促进养殖业稳定发展。我国适宜种草的土地资源丰富，具有推广饲草粮种植的条件；在 20 多年利用饲草粮的实践中我国也总结出了三条值得重视的经验:一是配置烘干装备。烘干既是保存饲草营养成分的手段,也是减少晾晒过程和恶劣气候造成霉变和养分流失的手段。二是配置储存窖。饲草窖存的效果好于堆存。调查表明,青贮玉米经储存窖发酵后充当饲料的饲养效果要显著优于玉米的籽粒和秸秆分别做饲料的饲养效果。三是重视饲草和精饲料的配合。牧草的粗蛋白质含量较高,可满足家畜对蛋白质的需求;牧草的维生素含量、粗纤维含量和矿物质营养等都比较丰富,是营养比较平衡的全价饲料,对精饲料有较强的替代性。但是,牧草的热能含量低于精饲料,牲畜处于高生长状态时,牧草的能量不足以满足它们的需求,需要投放适量的精饲料。

第四,拓展农业的多种功能。农业除了具有农产品供给功能外,还有调节气候、净化环境、维护生物多样性等生态服务功能和休闲、审美、教育等文化服务功能。农业功能拓展越充分,农业产业体系就越健全,农民增收渠道就越通畅。具体来说,农业功能的拓展可以从以下几点入手:一是以发展绿色农业为抓手,通过微生物资源产业化,将由植物、动物构成的二维农业拓展为由植物、动物、微生物构成的三维农业;二是利用农耕历史文化、民族传统文化、地方特色文化等旅游资源,满足国民日益增长的精神生活与文化需求,实现基于农村和农业的三产融合;三是通过生态补偿政策,维护和提升农业生态系统的服务价值。

第五,提高农业永续水平。我国农业存在用化学品替代土地的倾向,化学品的投入极大地提高了农产品产量,但也造成了农田生态系统恶化和环境污染,这种农业模式受到越来越多的质疑。农业作为一个具有显著的外部性的产业,应适当牺牲部分短期经济效益而增加正外部性。为化解永续农业对农产品产量和产出的影响,需要实施适度进口政策和生态补偿政策。

2. 促进现代农业发展的改革举措

一是要进一步向农民赋权。改革开放以来，农村改革的主线是向农民赋权。改革初期赋予农民自主经营承包的权利；20 世纪 80 年代中期赋予农民在农村从事非农产业的权利；20 世纪 90 年代以来赋予农民进城就业的权利；现在要赋予农民土地股权和经营土地资产的权利。二是要加强农民人力资本投资。劳动力是可变性最强的生产力。加强人力资本投资，把农民创收的潜力和创新的活力充分激发出来，是促进现代农业发展的关键所在，而不是采取反哺措施。因为反哺只能消除农业弱质性的负面影响，而消除不了农业弱质性，农业弱质性要靠提高农民素质和发展现代农业来消除。各级政府要以"授人以渔"的方式，依靠人力资本投资兴农、富农、惠农。三是要深化农地制度改革。近些年来我国农地流转越来越活跃，随着农地流转规模扩大，流转形式增多，现行农地产权安排越来越不适应要求。解决土地流转中的问题，最为简明的办法是把隐含在农村集体土地中的股权显性化。我国农村土地集体所有是以农户土地折股入社的方式形成的，这是将隐含的股权显性化的理由。农村集体土地的股权是稳定的，适宜用权证的方式界定；土地经营权是变动的，适宜采用契约的方式界定。农村土地制度应该具有稳定性、灵活性和有效性，稳定性是指拥有特定社区集体土地股权的成员不要轻易变动；灵活性是指土地产权既要有利于土地整理，又要有利于土地产权细分，股权形态的土地产权要比实物形态的土地产权更具灵活性；有效性包括集体经济组织成员权益保护的有效性、土地经营者农业生产的有效性以及国家关注的土地资源可持续利用的有效性。四是要创新农业经营主体。超小规模农业对解决农民温饱和农产品供给短缺问题是有效的。但随着隐蔽失业的消失和充分竞争的劳动力市场的形成，它难以吸引能力强的劳动力的缺陷暴露得越来越充分。超小规模农业走向衰败是新型农业经营主体形成的必要条件。新型农业经营主体是在竞争中脱颖而出、具有自生能力的农民。他们有能力自行解决发展过程中遇到的问题，能在市场竞争中成长壮大。这样的新型农业经营主体，银行会乐意提供贷款，保险公司会乐意提供保险。政府的责任是为新型农业经营主体营造公平竞争的环境。

3. 促进我国现代农业发展的管理举措

第一，农业现代化主要是由职业农民推进的。政府要改变以行政力量推动农业现代化的做法，全力做好农户、企业和市场做不了和做不好的事情。第二，实行最严格的耕地保护制度和农业用水总量控制制度，保护基本农田和农业产能，促进地表水对深层地下水的替代，守住水土资源红线；确定和实施农地的耕作强度标准和化学品投放标准，解决过度消耗水土资源、过度依赖化肥农药的问题，守住生态红线。第三，强化食物生产和消费管理。倡导"一方水土养一方人"的理念，缩短鲜活农产品运输中的损耗和能耗；开展资源节约教育，消除食物消费中的浪费行为。第四，拓展农业政策体系。将保障食物产量和农民收入的政策体系拓展为保障食物质量、农业资源、农业生态系统安全的政策体系，多扶持技术研发等具有乘数效应的公共品，少扶持农产品、生产要素等没有乘数效应的私有品。

4. 农业现代化的评价方法

农业现代化包括生产现代化以及技术、制度、组织和管理现代化。农业具有了上述特征，就会继续对城镇化做出产品、要素等一系列贡献。现代农业应当用全要素生产率的贡献率来衡量，采用这种方法，我国不同阶段的农业发展水平就具有了可比性，我国农业和其他国家农业的发展水平就具有了可比性，我国的农业和其他产业就具有了可比性。例如，目前我国农业全要素生产率的贡献率约为56%，我国全要素生产率的贡献率也为56%左右，它们之间是具有可比性的。如果自己搞一个指标体系，就是自说自话，既没有办法跟过去比，也没有办法跟其他国家比，更没有办法跟其他产业比。所有国家、所有产业和各个年份都可以计算全要素生产率，所以选择全要素生产率的贡献率作为衡量标准，就可以保证农业不同阶段的可比性、国内外农业的可比性以及农业跟其他产业的可比性，这样能更好地发现问题，进而更有针对性地解决问题。

简言之，只有发展现代农业方能消除农业弱质性、提升农业自生能力和提高国际竞争力，使市场在农业资源配置上发挥决定性作用，使农民成为体面的职业、使农村成为农民安居乐业的家园。这样的现代农业方能成为真正的国民经济和现代化的基础，方能成为国家最大限度减税的基础，方能实现部门间的充分竞争，进而实现所有部门资源配置优化。工业和城镇的反哺，应瞄准农村公共品，例如改善农业基础设施，消除基础设施薄弱对农业生产集约化、规模化的抑制，而不应瞄准产业和提供生产补贴。

三 农业供给侧结构性改革与发展现代农业的关系

（一）农业供给侧结构性改革与发展现代农业的相互关系

农业供给侧结构性改革和发展现代农业既有内在联系，又有显著不同。正确把握它们的关系，对于做好这两方面工作具有重要意义。简略地说，发展现代农业是目标，即建立一个就业具有产业竞争力、农产品具有国际竞争力、生产系统具有可持续性的农业；农业供给侧改革是实现该目标的手段，即清除各种阻碍现代农业发展的制度、组织和体制因素，优化现代农业发展的宏观政策环境。

1. 现代农业强调发展生产力，农业供给侧结构性改革强调改进生产关系

从狭义上讲，现代农业和农业供给侧结构性改革之间的关系是生产力和生产关系之间的关系。发展现代农业关注的是新增内容的选择，农业供给侧结构性改革关注的是现存问题的解决。发展现代农业旨在克服农业生产中的薄弱环节，使农业生产各环节更均衡、农业生产力配置更有效、农产品市场竞争力更强和农业发展可持续性更高。农业供给侧结构性改革旨在改善束缚农业生产力发展的生产关系，使之更加合乎发展现代农业的要求。

2. 现代农业重在完善经济基础，农业供给侧结构性改革重在完善上层建筑

从广义上讲，现代农业和农业供给侧结构性改革之间的关系是经济基础和上层建筑之间的关系。发展现代农业关注的是使经济基础更加稳固，农业供给侧结构性改革关注的是使上层建筑更加完善。发展现代农业的实质是完善经济基础，增强农业经济体系的活力、可持续性和应对气候变化的能力。农业供给侧结构性改革的实质是完善上层建筑，使体制机制和法律法规等更加合乎发展现代农业的要求。

3. 现代农业关注农业硬体建设，农业供给侧结构性改革关注农业软体建设

发展现代农业的主要任务是开展农业生产和营销方面的要素、

技术和基础设施等硬体建设。硬体建设的状况具有较强的可观察性，评价方法已经基本成熟，评价结论具有较强的客观性；农业供给侧结构性改革的主要任务是开展有关现代农业发展的体制机制、组织、制度等软体建设。软体建设的状况缺乏可观察性，评价方法还很不成熟，评价结论带有一定的主观性。按照索罗提出的余值法计算的全要素生产率实际上包含了农业供给侧结构性改革的绩效，如何把这部分贡献估计出来，是一个值得研究的课题。

（二）农业供给侧结构性改革应满足发展现代农业的要求

按照现代农业是生产力和经济基础，农业供给侧改革是生产关系和上层建筑的逻辑关系，农业供给侧结构性改革必须合乎发展现代农业的要求，而不能制约现代农业的发展；它的主要任务是保障生产力和经济基础充分发挥作用，而不宜过于突出生产关系和上层建筑的反作用。

1. 要弱化农业化解农户风险的功能

毋庸讳言，有些学者从化解农户风险的重要性出发而固守农地"生不增、死不减"的制度安排。农户始终拥有一块土地，会有助于农户新增劳动力就业、遭遇风险的外出劳动力返回农业和农民养老，但由此造成的农地超小规模经营会制约现代农业的发展。我国已经从低收入发展中国家，经由下中等收入发展中国家行列，进入上中等收入发展中国家行列。农业应像其他产业一样设置一些进入条件，而不能始终把农业作为农户劳动力进入就业领域的最后一道防线。为了让农地由家庭保障功能跃迁为国家食物安全保障功能，应该鼓励完全以非农收入为主的农户以自愿有偿的方式退出土地承包经营权，以促进土地平均经营规模的扩大，不断改善现代农业的发展条件。

2. 要强化农业提升竞争力的改革

很多学者认为我国的农业问题已由总量问题转为结构性问题。这种概括只有在封闭环境中方能成立，在开放环境中是有缺陷的，至少不够简明。我国农业问题实际上是由数量不足转为竞争力不足，即由农产品生产不出来转变为生产出来的农产品缺乏竞争力。只有形成这样的共识方能以国际竞争力作为农产品配置的优先序，避免以竞争力更低、进口量更大的农产品（如大豆）替代竞争力较低、进口量较小的农产品（如玉米）。

3. 市场必须在农业资源配置和农产品价格形成上发挥决定性作用

现实中的库存积压、产能过剩、杠杆率太高都是现象，它的本质是政府干预过多，市场未能发挥应有的作用。消除上述现象，政府主管部门不仅要有调整干预内容和改进干预方式的智慧，还要有放弃干预的胸襟，有让市场机制在资源配置上发挥决定性作用的信心，并担负起让所有市场主体积极性充分释放的责任。

政府与农民在市场上的关系实际上是市场管理主体与市场主体的关系。在农业资源配置上让市场机制发挥决定性作用，就是让亿万农民发挥决定性作用。发挥资源比较优势、培育产品竞争优势和提升国际竞争力是农户的内生需求，这些事情要放手让农户去做，让他们发挥决定性作用。政府的主要责任是为遇到难以承受的风险的农户提供适当的帮助，而不是降低所有农户的市场风险。

以有形之手和无形之手形容市场管理主体（政府）和市场主体的关系并不妥帖。将市场管理主体（政府）概括为"看得见的手"是因为市场管理主体（政府）只有一个，它的所作所为都能看清楚，将市场主体概括为"看不见的手"是因为市场主体企业太多，看不清它们各自的所作所为而只能看到综合的结果。大数据时代到来后会发生四个变化，一是所有企业的所作所为都变得可观察了；二是企业优化资源配置所需的信息变得越来越充分；三是企业所需的政府服务变得越来越具体，要求变得越来越高；四是政府所作所为变得越来越透明，其在满足上级政府需求与所有企业和社会成员需求两方面是否达到均衡变得越来越容易观察。面对这些变化，政府的理性选择是专司保护合法产权、维护公平竞争、提供公共物品和调节收入分配之职，其他方面让市场主体发挥决定性作用。

4. 农业供给侧结构性改革不能影响现代农业发展

农业供给侧结构性改革不宜对现代农业发展施加不利影响。近些年农业的主要问题是地租和工资占总成本的份额在土地质量没有变化、用工量不断减少的情形下不断上升，工资和地租对利润和技术进步的侵蚀越来越严重。农业供给侧结构性改革既要保障农民权益，又要保障国家粮食安全和现代农业发展。现在农民进城就业的渠道已经放开，户籍管制制度已经不起作用，仍在起作用的是附着在城市户口上的制度性权益。深化户籍制度改革就是去除附着在城市户口上的制度性权益，而不是让更多的人享有这种制度性权益。农村户籍制度改革也变得越来越迫切，它的关键是采用购买方式，让离农的农民以自愿有偿的方式退出其作为集体组织成员的各项权利，而不能永远固守"生不增、死不减"的政策。

土地确权登记颁证会不会造成地租快速攀升和流转速度减缓，需要加以关注。

政府按农民买卖土地时形成的平均价格或地价（地租除以利率）征用农民土地，不让被征地农民获得政府土地规划带来的级差地租，具有合理性。否则，所有农民就都会有土地非农化的激励，土地规划的权威性和严肃性就难以维护。

（三）依靠现代农业发展保障供给侧结构性改革

20 世纪 70 年代末 80 年代初，改革的力度主要取决于突破意识形态制约的胆量和智慧。现在的情形有所不同，除了胆量和智慧外，需要的其他条件越来越多，其中最重要的是农业保持稳定发展的条件，这个条件要靠发展现代农业来形成。

1. 充分发挥亿万农户的作用

农业改革的成功源于农户的创造。一定要尊重农户的实践，改善农户创新的氛围。这些年农业作业外包大行其道，说明随着机械化的推进，农业劳动监督难的问题已经不复存在。我国农业要根据内在动因和外部环境的变化培育新动能，迈上新台阶，而不宜一直处于原有状态而徘徊不前。

2. 充分发挥农户合作的作用

不能有"一朝被蛇咬，十年怕井绳"的心态，关键是做好共享合作效益的体制机制。

合作会出现正和合作、零和合作和负和合作三种结果。负和合作并不意味着没有赢家，但一定意味着社会总效用减少，所以必须对负和合作加以抑制。零和合作有可能出现既没有赢家也没有输家的情形，但通常表现为一家（或几家）欢喜一家（或几家）愁；由于社会总效用没有任何变化，这种合作也不值得提倡。需要倡导和追求的应该是社会总效用增加的正和合作。然而对特定合作者来说，他从正和合作中的所得并不一定为正，由此引出如何优化合作的问题。

关于优化合作，最早被提出的概念是帕累托最优。所谓帕累托最优是指至少有 1 个人受益而没有任何人受损。然而，现实中合乎这种要求的正和合作并不是很多。为了消除没有任何人受损的约束，卡尔多·希克斯提出了卡尔多改进。所谓卡尔多改进就是增加受益人补偿受损人环节，达到至少有 1 个人受益而没有任何人受损的帕累托最优。这两种正和合作都没有受损者，但把合作双方（或各方）分成了受益者（或群体）和受损者（或群体），且结果很可能是弱势群体的利益不受损，余下的效益增量都归强势群体。由此可见，关注社会总效用增加的帕累托最优和卡尔多改进是有局限性的，尚需进一步完善，即再增加效益增量公平分配环节，按各方做出的贡献分配效益增量，让合作各方都受益。

合作给参与者带来的效益增量越多、效益增量分配越合理，利益相关者参与合作受到的激励就越充分。效益增量的大小和分配的合理程度主要取决于合作各方共同认可的规则的完善程度、合作的质量以及合作规模和合作内容。从理论上讲，合作规模越大，合作内容越复杂，合作各方发生摩擦和冲突的可能性就越大，所以合作规模不宜过大，合作内容不宜过杂。

例如发展农村合作金融，一要消除农民的顾忌，二要控制好风险，三要保障农民权益。合作金融并不比商业化金融或政策性金融风险高，不宜为了规避风险而采取过于呆板的管制。同时，合作金融必须跨社区，同社区的成员的生产经营活动和结果很相似，不仅资金需求时间基本相同，而且丰收年份资金都相对充裕，歉收年份资金都相对不足，无法通过合作金融调节农户间的资金余缺。

3. 充分发挥农业对外开放的作用

我国农业应统筹国际国内两个市场和国外国内两种资源，发挥我国的比较优势和竞争优势，使国内生产的农产品在价格和质量上不输于进口农产品。我国消费者对国内农产品质量安全信心不足，即使在同等质量的情况下，仍有一些消费者会选择价格更高的进口农产品，更何况价格更低的进口农产品。所以要在确保质量的基础上把农产品做廉，而不是做贵。

4. 充分发挥绿色农业的作用

我国要发展绿色农业，消除农业污染，促进农业可持续发展。优化农业产业体系、生产体系、经营体系，提高土地产出率、资源利用率、劳动生产率，减少资源消耗。发展适度规模经营，优化经营结构。

5. 充分适应农业生态系统的要求

过去的做法是，通过扩大地块面积和提高地块平整度改善农业作业条件，通过提高水资源和光热调控性改善作物生长条件，通过减少辅助设施占地扩大种植面积，通过增强作物的耐肥性提高施肥量进而提高能量转换率。今后除了继续采用这些方法外，还要从改造生态系统适应经济系统转变为改造经济系统适应生态系统，从根据作物需要改造耕地转变为培育适宜作物品种以适应耕地状况，从土壤改良适应作物转变为作物改良适应土壤。

第六章　农业供给侧结构性改革的思考

一　农业供给侧结构性改革的目标与任务

（一）农业供给侧结构性改革的目标

农业供给侧结构性改革的目标可以概括为以下三个方面。

1. 农业提供的产品具有国际竞争力

现代农业只有在优胜者方能留下来当农民的竞争环境中才能发展起来，农产品的国际竞争力只有在市场机制起决定性作用的环境中才能逐步形成。在全球经济一体化的环境中，农业保护的正面作用不断下降，负面作用不断增加，农业保护既不可能促进现代农业发展，也不可能提高农产品的国际竞争力，所以今后要用农业竞争政策逐步替代保护政策，推进现代农业的发展和农产品国际竞争力的形成，使农业和农产品不会成为滞胀的因素。

2. 农业提供的就业机会具有市场竞争力

从改造传统农业入手，推进土地适度规模经营。我国用 40 年的时间从低收入的发展中国家进入上中等收入的发展中国家的行列，靠近发达国家的门槛，准备再用 40 年的时间成为发达国家。

我们可以把 40 年的适度经营规模划为三个子目标，第一阶段的适度经营规模同农村从事农业的家庭与从事非农产业的家庭收入均等化相对应；第二阶段的适度经营规模与城镇居民收入均等化相对应；第三阶段的适度经营规模与农户收入略高于城镇居民收入相对应，即目前发达国家的状态。要达到这个目标，农业收入必须同农村居民收入脱钩，为造就真正的职业农民创造条件。

3. 农业依赖的资源与环境具有可持续性

首先要把农业资源配置在最适合农产品生长的土地上。食物性农产品的质量和营养成分，在很大程度上取决于土地的肥沃程度。土地越肥沃，其包含的营养元素就越多，产品的质量就越好。这是必须把农业资源配置在最肥沃的土地上的重要理由。三次产业中只有农业对土地肥沃程度有要求，这是其他产业不宜占用肥沃土地的重要理由。其次要制定耕地的化学品施用量的强制性标准，并借助法律加以实施，从而全面消除化肥、农药污染。最后要做好保墒技术对灌溉的替代、地表水对地下水的替代，使天然降水得到最充分的利用，使地下水位逐渐恢复到历史最好水平。

（二）农业供给侧结构性改革的任务

农业供给侧结构性改革的主要任务，是去除造成农产品竞争力下降、无效供给累积的制度和政策藩篱，为我国农业的资源比较优势、全要素生产率和潜在增长率的充分释放，创造良好的宏观政策环境。更直截了当地说，改革开放初期的农业改革目标是改变以集中农业剩余为内涵而扭曲市场信号的政策造成的农民收入低下和农产品供给不足的状况，为激发农民的生产积极性创造条件；目前的农业改革目标是改变以补贴农业生产为内涵而扭曲市场信号的政策造成的农产品竞争力下降和无效供给累积的状况，为农业实现最优增长创造条件。

最优增长率具有两种含义：一是指农产品无效供给为零或所有农产品都具有市场竞争力时的增长率，这个增长率与实际增长率的差率就是无效增长率。农业供给侧结构性改革的一项任务就是消除这部分无效的增长率。二是指农业生产效率损失为零，即所有农业生产单位的资源配置都位于生产可能性曲线上的增长率，这个增长率与实际增长率的差率就是尚未发挥出来的潜在增长率。农业供给侧结构性改革的另一项任务就是把这部分潜在增长率挖掘出来。这种最优增长率，可以由所有农产品的投入产出都达到边际平衡和全要素生产率的贡献率不断提高来表达。

简言之，农业供给侧结构性改革的主要任务是构建农业最优增长的体制机制，为中国农业长期发展和永续发展创造条件，而不是采取"头痛医头，脚痛医脚"的策略性措施调整农产品的余缺。

（三）需要进一步处理好的关系

1. 理论完美和操作简便的关系

对于解决特定的问题，存在着追求理论完美和关注操作简便的政策选择。熊彼特和凯恩斯在解决短缺经济问题上的认识是完全一致的，分歧出在越过短缺经济阶段之后。熊彼特认为，越过短缺经济阶段后要靠创新来拉动经济增长。凯恩斯认为，越过短缺经济阶段后要借助政府干预刺激有效需求，拉动经济增长；熊彼特的创新理论从方向上看无疑是正确的。为什么政府接受了凯恩斯的主张而没有接受熊彼特的主张呢？这显然是一个值得深思的问题。据分析，最主要的原因是，按照熊彼特的主张存在三个不确定性，即创新投资配置给谁具有不确定性，使用这笔资金能否完成创新具有不确定性，完成的创新能发挥的作用具有不确定性。从短期看，熊彼特的创新理论解决实际问题的可操作性相对弱一些。凯恩斯的政府干预理论从方向上看是有缺陷的，但是政府干预的对象、干预的内容和干预的程度都是可确定的，干预的效果也是可预期的。从短期看，凯恩斯的扩大有效需求理论解决实际问题的可操作性更强一些。

这两个理论的适用环境有很大的不同。熊彼特的创新理论适宜在问题发生前选择，凯恩斯的干预理论适宜在问题发生后选择。鉴于创新具有可遇而不可求的特性，我国近期尚未出现普遍的有效需求不足的情形，适宜优先采用创新理论来刺激有效需求，使宏观经济尽量处于无须干预的状态。如果不抓住适宜采用创新理论的机会，一旦出现普遍的有效需求不足，就不得不采取政府干预的方式了。

当下我国的情形有所变化。改革初期我国政策倾向于操作简便，例如承包地"生不增、死不减"的政策；当前我国政策则越来越倾向于理论完美，例如一些学者提出粮食直补应按粮食种植面积、粮食产量、粮食销售量发放。问题在于，理论上完美的想法往往是缺乏可操作性的。其实，粮食补贴按耕地面积发放并非一无是处。第一，政策具有可持续性。按照 WTO 规则，同粮食生产或粮食产量脱钩的补贴是不被控制的补贴。第二，政策执行成本低。政府每年投入大量的时间和费用把每个农户的粮食播种面积统计清楚显然是得不偿失的。第三，农民的满意度高。按耕地面积发放补贴是最透明的，可以有效避免干部作假导致粮食直补发放不公平的问题。简言之，强调理论完美而忽视可操作性和农民的认同感，也失之偏颇。

2. 强化农业保护和培育自生能力的关系

应对进口农产品冲击可以有两种选择。其一是加强农业保护，这是日本、韩国等经济体的做法。其结果是一方面农业保护力度越来越大，另一方面农业竞争力越来越弱。其二是培育自生能力，使自己的农产品具有市场竞争力，使农民能安居乐业。要达到这一目标，除了发挥资源比较优势、市场竞争优势和推广新技术外，最基本的环节是改变农业经营规模过小的问题。所以要抓住越来越多的农民不愿继续从事超小规模农业的有利时机，推进农业适度规模经营，培育具有自生能力的核心农户，提升我国农产品的竞争力，形成有别于日本、韩国等经济体的农业发展模式。

3. 粮食进口与粮食安全的关系

我国现在确立了"以我为主、立足国内、确保产能、适度进口、科技支撑"的国家粮食安全战略，确保产能和适度进口是新的提法。以产能目标替代产量目标，其核心是把耕地保护好，并通过土地整理和农业基础设施建设提高耕地产能。我国的耕地已经连续耕作了很长时间，在条件允许的情况下适当降低耕作强度，有利于保护我国耕地的地力，有利于解决化肥、农药污染以及地下水位快速下降等问题。简言之，适度的进口有利于产能保护。

农业可能存在两类风险：一类是自然风险，一类是政治风险。其中，自然风险是常发性、客观性风险，政治风险是偶发性、主观性风险。对于特定数量的粮食需求，供给源越多，实现供需平衡的条件就越好，所以把适度进口作为化解常发性、客观性的自然风险的重要举措，是有利于粮食安全的。对于偶发性、主观性的政治风险，要靠灵活、有效的外交政策，适量的仓储和稳定的产能来化解，以维持很高的粮食自给率来消除偶发性、主观性的政治风险的做法，可能不是最优的策略选择。

二 土地问题

有人认为我国农业出现的各种问题是农民不珍惜土地造成的，而农民不珍惜土地的主要原因是农地产权不清，并以发达国家农地制度为依据做出土地私有化是农业发展的前提的判断。平心而论，把发达国家农业发展的成功简单地归结为土地私有化显然是失之偏颇的。

其实，土地私有化并不能解决土地的利用效率问题。例如美国，它在建国初期实施的把土地分给个人的政策，吸引了一批又一批怀着"美国梦"的移民。由于恢复地力的费用比开垦土地的费用高得多，农民采取了抛弃旧土地开垦新土地的策略[①]。美国西部降水少，蒸发量大，日积月累的撂荒土地，酿成了美国西部历史上持续 10 年的沙尘暴。鉴于此，美国政府将向个人分配公有土地的政策改为土地资源保护政策。《土壤保护和国内配额法》（1936年）规定，凡是把种谷物、棉花、烟草等"消耗地力"的作物的土地转为种豆科作物和牧草等"增强地力"的作物的土地，政府提供每英亩 10 美元的补贴。政府一方面以现金、物资和服务等形式承担农场主一半的水土保持成本；另一方面为农场主应用各种先

---

① 历史上，"美国梦"的追求同低成本的土地政策有关。1774 年，弗吉尼亚时任州长指出，在美国人看来，那些遥远的未涉及的土地永远比他们已经占有的土地要好。他们会为了得到更好的土地而继续前进（引自 John Miller, *Origins of the American Revolution* 1944, p. 77）。

进的耕作方法提供技术援助，鼓励农民参与农业保护计划，减少农耕造成的土壤侵蚀。把 18 岁至 25 岁的失业青年组织起来，成立民间资源保护队，参加防护林带、国家公园等工程的修建。联邦政府购买了被沙暴严重破坏的约 243 万公顷的土地，进行综合治理。美国在 20 世纪 60 年代仍存在着化学农业造成的严重的环境问题（卡尔逊根据这些问题写出了《寂静的春天》一书）。针对这些问题，美国又采取了一系列措施。美国《农业法》规定，对自愿实行休耕的地块予以补贴。通过各项补贴政策，引导生产者遵守相关的资源保护要求。运用遥感技术、全球定位系统、地理信息系统和耕地的土质、杂草、肥料和产量图等信息推行精确农业，使作物得到生长所需的养分，为农民带来效益，并减轻对环境的负面影响。由此可见，无论是粗放经营问题的解决还是化学投入品问题的解决，主要是法律法规、政策和技术改进的结果，而不是土地私有化的结果。

（一）维护农地的集体所有

20 世纪 90 年代，台湾大学的陈希煌教授在中国社科院农发所作的学术报告中特意指出，把农村土地集中起来是非常不容易做到的事情。大陆要珍惜这个历史遗产，把它存在的问题解决掉，把它的优势发挥出来。当时大家都对这个忠告不以为然。毋庸讳言，我们既有不珍惜前人做成的事情的陋习，喜欢推倒重来；又有对别国的经验顶礼膜拜的陋习，喜欢以别国的做法作为改革的依据。真正静下心来思考，陈希煌教授的忠告是有道理的。私权和公权是对立统一的，需要做的是协调好它们之间的关系，而不是判断其中哪个更好。中国农业改革与发展的实践表明，土地私有化并不是成功的前提。我国最强的农村社区，大多是公权得到强化的社区，以及先富起来的农户将私权改为公权，为社区居民提供福祉的社区。

传统社会主要用产权凭证维护产权，现代社会主要依靠产权保护制度来维护产权，这是股市上资金能充分流动的主要原因。政府的主要责任是完善产权保护制度，发放土地产权凭证并不一定是政府的责任。

从实物形态上把土地产权界定清楚在改革开放初期最为迫切。现在做这件事同40年前相比重要性显然下降了。40年来并没有因为未做这件事而出现大的纰漏，现在政府投入过千亿元的资金做40年前最该做的事情，其必要性是值得商榷的。

农村里未种过地也不愿种地的人会随着时间推移变得越来越多。这些人关注的并不是耕种土地的权益，而是土地剩余的索取权。这意味着农村内部认同土地股权替代土地承包经营权的人会越来越多。我国农地集体所有是在农户土地折股入社的基础上形成的，现在以股权方式将土地产权还给农户是有依据的。改革开放初期农户得到的实际上是土地股权，当时采用承包经营权的说法是为了降低政治上的敏感性，以便决策层达成农业改革的共识，这充分体现了改革推动者的智慧。土地股权与土地承包权相比，法律用语更规范、更严谨，用土地股权替代土地承包权显然是适宜的。

我国的农业改革是在农村土地集体所有的基础上推进的。农地集体所有确实存在产权模糊的问题，但广大农民是接受这种制度安排的，这种制度安排的负面影响也是有限的，否则就无法解释中国农业维持几十年的稳定增长。同土地私有相比，我国的农地集体所有确实是有正面作用的。上述三个方面，对发展现代农业，提高我国农业的竞争力是有好处的。

改革开放40年来，中国经济发展取得举世瞩目的成绩的事实表明，发展模式的创新还有很大的空间。中国学者有责任也有条件对内含在成功实践中的发展模式（模块、元素）创新进行梳理和总结，而不能妄自菲薄、邯郸学步，被动地跟在别国后面亦步亦趋。

（二）从土地"生不增、死不减"到集体经济组织成员"如何增、如何减"

湄潭试验区的成功经验证明了承包地"生不增、死不减"的制度安排的有效性。很多从事农业研究的人是通过承包地"生不增、死不减"的制度创新知道湄潭的。这个做法得到决策部门的赞许同当时中国农村具有以下三个特征有关。第一，土地对农民来说是不可替代的资源；第二，土地几乎是农村集体资产的唯一来源；第三，村庄具有非常强的稳定性。所谓承包地"生不增、死不减"，就是不再根据村民小组成员的变化调整土地承包经营权。这个制度安排的实质是从强化土地私有属性、弱化农地集体属性入手，引导农民合理利用土地，引导农民计划生育，引导农民寻求非农就业机会。

这个制度安排在实施中遇到了一些问题。一是制度缺乏刚性。现实中承包地做过调整的村庄要比未做过调整的村庄多得多。二是制度遭遇外部冲击。40年来，不少村庄因铁路、公路等基础设施项目占用了部分农地而不得不采取调地措施。三是内部也有挑战。40年来，农村集体经济组织的成员发生了很大的变化，分到地的集体经济组织成员逐步减少，没分到地的集体经济组织成员逐步增多，集体经济组织成员分享集体资产的公平性趋于下降。农民认为，倘若坚持"生不增、死不减"的政策，再过几十年就只有死人拥有农地产权了。

可供选择的边界（或边际条件）确定之后，农户有能力凭借自己掌握的知识、技能、经验和信息，找到其可选择的边际最优解。调地不调地只是确定这些边界的一个因素，从调过地的村庄和没有调过地的村庄来看，农户的选择没有显著差异的实际情况表明，调地不调地的作用都是较为有限的。

"生不增、死不减"的制度安排是值得肯定的。然而现在要思考的是除了"生不增、死不减"的制度安排外，还有没有更好的制度安排。下面循着这个思路来讨论"如何增、如何减"的做法。

上海郊区出现的新做法是：社区新增人员包括合乎条件的外来人员，按规定购买集体股份后，便可以成为社区集体经济组织的成员；退出的成员要兑现其股份，死去的成员由其继承人兑现其股份。这种既可以进也可以出的活化的制度安排，至少可以同"生不增、死不减"的固化的制度安排相媲美。这种制度安排的新意是，以社区内新出生的人必须出资之后方能成为集体经济组织成员的规定，替代社区内新出生的人自然成为集体经济组织成员的规定，消除了原有制度安排里内部人可以免费获得权益的弊端；以退出者和死亡者的权益必须兑现的规定，替代了退出者和死亡者的权益由直系亲属继承的规定，消除了原有制度安排里集体经济组织成员异质性（有的成员以社区资源和资产作为生计来源，有的成员不以社区资源和资产作为生计来源；有的是活人，有的是死人）的弊端；尤其是合乎条件的外来人员出了资也可以成为集体经济组织成员的规定，使社区集体经济组织具有了现代企业的特征。这种把农村社区打造成现代企业的制度创新显然是值得赞许的。

农村建设用地和附着在土地上的资产的重要性逐渐提高，是上海农民探索集体经济组织成员"如何增、如何减"的重要原因，其目的是使集体资产成为推动增长的驱动力。坚持"生不增、死不减"的制度安排，则是把农地作为保障温饱的压舱石。

农村社区的开放程度或融入市场的程度会随着经济的发展变得越来越高，与此相对应的是，妥善处理好集体经济组织成员"如何增、如何减"的关系会变得越来越重要。鉴于发达农村的先行探索很可能就是其他农村地区今后的做法，所以上海出现的探索值得关注。

以集体经济组织成员"如何增、如何减"替代集体经济组织成员的土地"生不增、死不减"，是以现代农业治理模式替代传统农业治理模式的关键举措。

（三）从农地非农化到非农土地利用高效化

在经济发展的过程中，一部分农业用地转为非农用地具有客观必然性。但是，土地利用类型的转换必须实行节制性管理。节制性管理既有利于保护农业，又有利于提高非农产业竞争力，具有双赢的性质。严格编制土地利用规划是实行节制性管理的基础，所以发达国家都有严格的土地利用规划。

节制建设用地并非因为没有土地，而是为了削减建设用地利用低效化对非农产业竞争力的负面影响。

第一，国民普遍住独栋房屋对非农产业竞争力的负面影响。劳动者的住房面积越大，涨工资的诉求就越强。在工资上涨已经造成劳动密集型产业向国外转移的情形下，倡导劳动者住独栋房屋会对我国非农产业的国际竞争力施加多大的负面影响，必须做认真的实证研究。其实，扩大住房面积并不是改善国民生活品质的唯一途径。如何让国民过上精致化的生活，同样需要做认真的实证研究。

第二，企业低效利用土地对非农产业竞争力的负面影响。地方政府在招商引资中采用低地价策略，大大降了企业占用各种类型的开发区的土地的实际成本。然而，企业建设花园式工厂甚至闲置大量土地的机会成本，并不会因为政府采取低地价策略而下降。

第三，政府负担大量非经营性建设用地的维护费用对非农产业竞争力的影响。世上没有免费的午餐。政府负担的非经营性建设用地的维护费用越多，增税的可能性就越大，会间接地对非农产业的国际竞争力施加负面影响。其实，一个国家的经济发展水平，并不是由建设用地面积的大小来决定的，而是由单位建设用地吸纳的资本量和创造的有效产出量来决定的。

我国与其他国家相比，人均农业用地面积很小，人均建设用地面积很大。2011 年，我国城市人均建设用地 102 平方米，高于发达国家人均 82 平方米和发展中国家人均 87 平方米的水平。美国纽约 1988 年的人均建设用地面积为 79 平方米，2006 年下降到了 75 平方米；日本东京 2001 年的人均建设用地面积为 87 平方米，大阪 1992 年的人均建设用地面积为 67 平方米，韩国首尔 1992 年的人均建设用地仅为 55 平方米。

美国单位面积建设用地投资量比我国高 2 倍，德国比我国高 6 倍，日本和英国比我国高数十倍。我国城市建设用地产出 2011 年为 1.4 亿美元/平方公里，法国巴黎 2006 年为 2.31 亿美元/平方公里，美国纽约 2006 年为 7.72 亿美元/平方公里，中国香港 2007 年为 7.98 亿美元/平方公里，日本东京 2007 年为 14.79 亿美元/平方公里，新加坡 2007 年为 40.87 亿美元/平方公里。

从国际经验来看，工业用地占城镇总面积的 15% 左右，我国的工业用地占建设用地的比重自 2000 年以来超过 20%，许多城市工业用地占比超过 25%，有些城市甚至超过 35%。

在这种情形下仍然强调农业用地非农化，至少是不全面的。

提高建设用地利用效率的途径要多于提高农业用地利用效率的途径，提高建设用地利用效率的潜力要多于提高农业用地利用效率的潜力。尤其是在农业用地利用效率不低，建设用地利用效率很低的情形下，仅凭着单位非农用地创造的 GDP 会多于农业用地这一个理由，就采取农业用地非农化的做法显然具有片面性。

三　农业问题

（一）现代农业发展策略

1. 统筹协调的策略

现实当中存在忽视目标之间冲突的倾向性。比如有人认为，只要发展生态农业，就可以同时实现经济效益、生态效益和环境效益最大化；只要提倡生态文明，就可以同时实现资源节约、环境友好、循环利用、经济高效。其实，各种目标是不可能同时最优化的，科研人员和政府决策者的职责是妥善处理好它们之间的关系，使它们相互包容、相互兼顾。只有充分认识到这一点，才能把自然资源和生态资本的利用控制在适度范围内，才能为整体利益和长期利益而适当放弃一些局部利益和短期利益。

（1）统筹协调经济目标、生态目标和环境目标的关系

生态农业是仿照生态系统所具有的互适共生、互容共存和互利共赢三个特征而形成的农业。其中，互适共生是指相互适应、和谐

共生；互容共存是指相互包容、和睦共处；互利共赢是指相互支持、和衷共济。所以，发展生态农业是解决化学农业造成的一系列问题的重大举措。然而，生态农业是经济、生态、环境综合效益最大化的农业，而不是同时实现经济效益、生态效益和环境效益最大化的农业。

农业是一个具有显著的外部性的产业，要发挥它的正外部效应，消除它的负外部效应，就必须妥善处理好经济、生态和环境的关系，近期与长期的关系，局部与整体的关系，用地和养地的关系，而不宜片面强调经济效益，尤其是近期和局部的经济效益。比如，大豆的根瘤菌每年每公顷可固定产生 90 公斤氮，倘若适当地放弃一些短期利益和局部利益，就可以通过种植大豆来减少氮肥施用量。倘若不放弃农产品产量最大化和农业收入最大化的目标，生态农业是难以健康发展的。当然，诸如此类措施的推行，需要生态补偿政策与其配套。

（2）统筹协调各种生态系统的关系

广义的农业生态系统包括农田生态系统、草原生态系统、森林生态系统和湿地生态系统。相比较而言，农田生态系统的集约化经营水平最高，已经到了追加投入的边际产出相对较低的阶段；草原生态系统、森林生态系统和湿地生态系统的集约化经营水平相对较低，追加投入的边际产出相对较高。所以，在优化资源配置的政策引导下，不宜把目光仅仅盯在耕地上。

（3）统筹协调国内资源和国外资源的关系

农业是水土资源密集型产业。通过国际贸易增加农产品特别是粮食的供给源，有利于提高我国农产品和粮食供给的稳定性，也有利于减轻国内农业生产对水土资源的压力。所以，考虑农产品和粮食供需平衡必须统筹两种资源、两个市场，不宜把目光仅仅盯在国内资源上。以世界历史上确曾出现过的粮食禁运为依据，强调提高国家粮食自给率的重要性是有道理的。但这种做法的片面性也不应视而不见，农业缺乏比较优势的国家为了增产而发放生产补贴，农业具有比较优势的国家为了减产而发放休耕补贴，显然不符合互利共赢的要求。

（4）统筹协调食物生产和消费的关系

农产品生产管理和消费管理要两手抓，两手都要硬。要从改进收割机械、仓储设备和仓储技术等方面入手，减少生产、仓储中的食物损耗；要从倡导"一方水土养一方人"的理念入手缩短鲜活农产品的运输距离，减少其在物流过程中的损耗和能源消耗；要从普及食品营养知识入手，消除大米过精、面粉过白和油色过浅等既影响国家食物安全、国民身体健康，又增加成本、能耗、污染的问题；要从资源节约教育入手，消除食物消费中的奢侈和浪费等行为。

2. 循序渐进的策略

针对严重的农产品质量问题，有人提倡应大力发展有机农业、高附加值农业。一般而言，有机农产品的产量较低，生产高附加值的优质农产品所需的资源和能源更多。至少在现阶段，我国还不具备大规模发展有机农产品和高附加值的优质农产品的资源条件。当务之急是设置农产品的市场进入门槛，强化农产品的市场管理，尽快使所有农产品都合乎农产品的无公害标准，以保障全体国民的食品安全。随着经济的发展，高端农产品市场会逐步发育起来，我们应该乐见其成，但发育高端市场是市场机制作用的结果，而不是政府的责任。

3. 结构调整的策略

（1）饲料粮作为独立的生产内容

目前全国玉米种植面积有 2000 万公顷，玉米总产量的 70% 以上被用作饲料,若将其中一半的种植面积专门用来种植饲用玉米(高赖氨酸、高油玉米和青贮玉米等),既可缓解牲畜饲料不足,又可提高种植玉米的经济效益。

(2)逐步推进豆科牧草生产

牧草对不良天气具有较强的适应能力,其生长受土地资源条件的限制较少,且营养丰富,适口性好,产量稳定。我国有 0.6 亿公顷中低产田,若用于生产豆科牧草,既能改善饲料结构和土壤肥力,又可以减少中低产田改造的任务。牧草生产作为新兴产业,应走规模化、产业化、区域化之路。要把产前、产中和产后所有环节组成一个有机整体,形成牧草生产、运输和饲草饲料加工一体化的产业体系。

(3)在天然草地上撒播草种

据调查,在天然草场上撒播草种,产草量可提高 20%。我国有 60 亿亩草场,其中一部分可以采用该措施。由于牧草总产量大,增产 20% 的经济效益、生态效益和环境效益是非常大的。

4. 制度建设的策略

(1)教育培训。从生态教育入手,使亿万农民形成尊重自然、善待自然的生态意识,形成合乎生态要求的生产方式和生活方式,促进生态文明的逐步实现。

(2)法律法规。将生态文明理念体现在法律制度、思想意识和行为方式之中,逐渐改变高投入、高污染的生产方式和高消费、高浪费的生活方式。

(3)规则规范。制定农业技术规程,开展生产技能培训,逐步实现农业技术操作的规范化、标准化。

（二）开拓农业发展空间策略

中国是拥有 13 亿人口的大国，农产品供给必须立足于国内，稳步发展国内农业是任何时候都必须坚持的理念。同时要瞄准国外市场和境外资源，开拓农业发展空间。短期的重点是积极参与境外农业资源的开发，长期的重点是发展远洋渔业，参与海洋资源的开发。

1. 统筹利用国际市场

中国的可耕地资源和水资源都相对有限，人均耕地不到世界平均水平的 40%，人均水资源只有世界平均水平的 1/4，在生产粮食等占用土地、水资源多的农产品上不具备比较优势。充分利用国际市场有助于改善农产品供需平衡，减缓农产品需求对资源和环境的压力。随着经济发展和劳动力成本提高，我国与世界主要粮食出口国在粮食生产竞争力方面的差距将进一步扩大。随着世界经济一体化进程的加快，国内国际两个市场的相互联系和相互作用也将不断加深。为此，在保障农产品供给上，既要考虑国内生产，又要考虑农产品进出口贸易。在保障价格稳定上，既要减少国内生产和市场波动的影响，又要减少国际市场波动的影响。

需要指出的是，进口大宗农产品具有进口土地和水资源的效应，有利于弥补国内农业资源不足。从表 6-1 可以看出，如果进口农产品由国内生产，2015 年需占用 4751.1 万公顷耕地。如果按每公顷农地平均耗用 4500 立方米淡水计算，则需要耗用 2138 亿立方米淡水资源。

2. 开发国外资源

中国在农业资源有限的情况下，应抓住全球化的历史机遇，开展对外农业投资，开发境外农业资源。据不完全统计，目前我国在境外投资、合作、上市的农业龙头企业有 40 多家，投资金额达 153 亿元，涉及亚洲、非洲、北美洲、欧洲、大洋洲的 30 多个国家和地区。

开发国外资源是发挥我国农业比较优势的重要途径。我国在农业技术、农作物管理、资金上具有一定优势。与发达国家相比，中国农民具有收入预期相对较低、农场规模相对较小、土地生产率相对较高等比较优势。

我国农业企业应该选择农业资源丰富、劳动力价格比较低廉、基础条件和制度环境较好的发展中国家租用和开发耕地，为其他国家特别是缺粮国家增加粮食供给做出贡献。我国周边的柬埔寨、老挝等国家，土地资源丰富，开发程度不高。非洲可开发的耕地达数亿公顷，实际利用率只有四分之一，土地开发潜力巨大。我国与这些国家的农业的差异性和互补性，为农业企业"走出去"提供了空间。

开发国外资源需要做好三方面工作：一是坚持动植物生产标准化、产品优良化，以满足国际市场要求。二是重视农产品质量安全。要抓好标准化生产体系建设、质量检验体系建设、认证体系建设、可追溯体系建设和监管体系建设，保障农产品质量安全。三是建立农产品市场营销体系，将生产出的特色优质农产品推介出去。

开发国外资源绝不是在海外屯田，而是动员约占农户 1% 的种粮能手去这些地方租地办农场，通过生产经营活动把精耕细作的农业技术传输给其他发展中国家的农民，从而有效增加缺粮国家的粮食供给。世界粮食总供给的增多有助于中国的粮食安全，所以，我们在为世界粮食安全做出贡献的同时也间接地为我国的粮食安全做贡献。

表 6 - 1　我国进口农产品折合作物播种面积

年份	净进口量（万吨）				单产（吨/公顷）				虚拟耕地
	稻谷	小麦	玉米	大豆	稻谷	小麦	玉米	大豆	（万公顷）
1978	–	767	–	–	3978.1	1844.9	2802.7	1059.0	415.7
1979	– 105.3	871	–	–	4243.8	2136.8	2981.9	1029.4	372.2
1980	– 111.6	1097	–	– 10	4129.6	1913.9	3116.4	1098.8	525.5
1981	–	1307	54	– 14	4323.7	2106.9	3047.9	1162.2	626.0
1982	– 45.7	1353	150	21.2	4886.3	2449.3	3265.9	1072.6	604.7
1983	– 56.6	1102	205	– 35	5096.1	2801.7	3623.3	1289.8	406.9
1984	– 118.9	1000	– 89	– 84	5372.6	2969.1	3960.3	1330.6	219.6
1985	– 101.9	541	– 625	– 113.9	5256.3	2936.7	3607.2	1360.5	– 100.5
1986	– 95.6	611	– 505	– 107.9	5337.6	3040.2	3705.2	1400.2	– 38.0
1987	– 98.9	1320	– 238	– 143.7	5413.1	2982.9	3920.6	1476.0	258.4
1988	– 39.5	1455	– 380	– 132.8	5286.7	2968.0	3928.1	1434.2	290.2
1989	– 32	1488	– 343.4	– 116.9	5508.5	3043.0	3877.9	1269.3	300.0
1990	– 27.1	1253	– 303.5	– 93.6	5726.1	3194.1	4523.9	1455.1	253.9
1991	– 54.7	1237	– 778.1	– 110.9	5640.2	3100.5	4578.3	1379.5	134.8
1992	– 94	1058	– 1034	– 53.9	5803.1	3331.2	4532.7	1427.0	28.6
1993	– 134.5	615.9	– 1109.9	– 27.4	5847.9	3518.8	4963.0	1619.1	– 98.4
1994	– 102.7	706	– 874.7	– 78.1	5831.3	3426.3	4693.4	1734.9	– 50.5
1995	158.8	1140.2	514.9	– 7.8	6024.8	3541.5	4916.9	1661.4	459.6
1996	49.7	773.4	20.9	92.1	6212.4	3734.1	5203.3	1770.2	274.6
1997	– 59.3	146.4	– 666.8	269.6	6319.4	4101.9	4387.3	1765.1	23.2
1998	– 349.6	127.3	– 444	302.9	6366.2	3685.3	5267.8	1782.5	41.7
1999	– 252.6	34.1	– 425.4	411.3	6344.8	3946.6	4944.7	1789.2	95.6
2000	– 271.3	73.1	– 1047.6	1020.4	6271.6	3738.2	4597.5	1655.7	346.2
2001	– 157.7	2.6	– 596.1	1367.8	6163.3	3806.1	4698.4	1624.8	679.1
2002	– 175.2	– 34.5	– 1166.7	1101	6189.0	3776.5	4924.5	1892.9	295.1
2003	– 235.8	– 206.7	– 1639	2044.6	6060.7	3931.8	4812.6	1652.9	788.3
2004	– 14.3	616.9	– 232.2	1988.1	6310.6	4251.9	5120.2	1814.8	1192.0
2005	– 16.4	293.3	– 863.8	2617.8	6260.2	4275.3	5287.3	1704.5	1437.3
2006	– 52.3	– 89.7	– 303.4	2787.8	6279.6	4593.4	5326.3	1620.9	1631.6
2007	– 85.6	– 303.76	– 488.3	3082	6433.0	4607.7	5166.7	1453.7	1940.6
2008	– 65.8	– 9.4	– 20.3	3744	6562.5	4762.0	5555.7	1702.8	2178.8
2009	– 40.4	89.4	– 12.9	4255	6585.3	4739.1	5258.5	1630.2	2617.7
2010	– 23.4	95.4	144.6	5480	6553.0	4748.4	5453.7	1682.0	3299.6
2011	8.2	93	161.8	5264	6687.3	4837.2	5747.5	1791.7	2987.1
2012	209	3672.4	495.1	5838	6776.9	4986.2	5869.7	1814.4	4082.8
2013	179.3	525.7	318.8	6340	6717.3	5055.6	6015.9	1759.9	3797.6
2014	216	281.4	257.9	7140	6813.2	5243.5	5808.9	1787.3	4138.2
2015	309	288.5	471.9	8169	6892.5	5392.7	5891.9	1794.0	4751.1

资料来源：《中国农业年鉴》《中国海关统计年鉴》。

3. 加速发展远洋渔业

辽阔的海洋蕴藏着丰富的生物资源。据海洋学家测算，海洋为人类提供食物的能力大大超过耕地的生产能力。大洋中的生物可以为约300亿人提供他们所需的食物蛋白。充分开发和利用海洋资源特别是公海资源，实施资源替代战略，是弥补生物蛋白量来源缺口，缓解我国人均耕地资源短缺、近海资源过度开发问题的根本性措施。

一个国家参与远洋渔业的时间越早，历史产量越高，拥有的生产能力越强，在国际渔业资源分配中的话语权就越大。所以，中国要把远洋渔业作为农业"走出去"战略的重要组成部分，以获取更多资源，得到更多权益。

国内水产品需求会随着居民生活水平的提高和膳食结构的改善不断提高。然而，中国水产品养殖产量占全球养殖产量的74.5%，捕捞产量占全球捕捞产量的15.2%，远洋捕捞产量仅占全球的1.3%。这意味着我国在远洋渔业资源利用上远远低于世界平均水平。全球渔业资源开发还有很大的潜力，我国应在远洋渔业资源开发方面占有应得的份额。国际海洋资源开发管理格局正处于不断完善之中，我们必须抓住这个机会，获得应有的话语权。

发展远洋渔业，要做好以下工作。（1）加强公海渔业资源调查，开展远洋渔业资源开发的前瞻性研究，编制远洋渔业总体发展规划。力争用10～15年时间实现由远洋渔业大国向强国的转变。（2）积极参与我国已加入的渔业国际组织活动，特别是要在各项规则和标准的制定中发挥作用，增强我国在渔业国际组织的话语权，为我国远洋渔业捕捞争得一定数量的渔业配额。（3）以大洋性公海渔业为重点，以增强远洋渔业产业的竞争力为目标，整合优势资源，提升总体装备水平，加快建设一批远洋渔业企业。

（4）在渔业资源丰富、发展潜力大的国家，加快建设海外渔业码头、加工厂、冷库等基础设施，优化远洋渔业基地的海外布局。

（5）从制度建设、能力建设和人员管理等方面加强远洋渔业安全生产管理工作。

4. 开拓农业发展空间

（1）加强规划指导。将农业"走出去"纳入国家双边或多边经贸谈判框架中，通过外交手段解决双重征税、人员签证期限短、劳务人员限制多、生产资料关税高、产品返销征税高等问题。尽快制定境外农业资源开发合作规划，包括重点支持品种、重点投资国别和重点支持内容，增强可操作性。

（2）组建跨国集团。中国农业企业规模较小，集约化程度不高，外部交易成本大，难以与外国大型跨国农业企业抗衡。为此，我国要积极引导农业企业提高企业集约化程度，培育具有世界品牌的农业跨国公司，增强企业的国际竞争力。

（3）援助开发相结合。中国农业"走出去"需要政策扶持，但更需要构建成功的商业模式。要在实践中逐渐形成既合乎东道国相关政策要求，又能化解其社会经济条件制约的成熟的、本地化的商业模式。一是"政府搭台、企业唱戏"模式，即政府先做前期准备工作，为企业搭建平台。双边农业合作项目从设计时就让企业参与，为项目的可持续发展创造条件。二是"企业先行、政府跟进"模式，即对"走出去"的农业企业（或项目）给予一定支持，有效发挥政府财政资金的杠杆作用。此外，美国、法国等跨国粮商以订单农业方式，通过建设物流、储藏等基础设施来控制购销环节，并不参与本地种植的模式也值得借鉴。

（4）构建支持体系。建立农业"走出去"专项基金，用于农业企业开拓国际市场所需的补贴、贴息和紧急援助，提高"走出去"的农业企业进入国际资本市场直接融资的能力。设立专门针对农业对外投资的保险险种，减少承保企业在境外进行农业投资可能发生的非常风险。完善税收优惠政策，避免双重征税，减免出口环节税费。

（5）完善政府服务。加强信息服务能力建设，密切跟踪国外相关法律法规的调整，收集、分析和预测农产品市场信息，为农业对外投资企业提供各种信息资料。建立和完善规范有序的法律法规，如信用担保、海外农业直接投资、保险及法律援助等制度，切实保护"走出去"的农业企业的合法权益。

四　政策问题

农业具有弱质性是很多人强调必须保护农业的主要理由。然而，农业保护最多只能消除农业弱质性的负面影响，而不能消除农业弱质性。只有农业成为能与其他产业平等竞争的产业，其弱质性方能得以消除，所以发展现代农业是消除农业弱质性的治本之策，而农业保护只是化解农业弱质性负面影响的治标之计。现代农业不可能在一个脱离市场竞争和没有市场风险需要防范的环境中形成，所以建设现代农业，农业政策必须转型。

1. 将保障超小规模农业的稳定性转为追求适度规模经营

为了观察经营规模对农户净收益（NR）的影响，我们利用手里的农户调查资料构建了一个因变量为产量（Y），自变量为成本（C）和水稻种植规模（S）的回归模型。成本包括机械作业、灌排、化肥、农药、种子、土地流转和雇工等费用。模型估计结果为（括号内的数字为各变量的 t 检验值）：

$$NR = -1376.13 + 831.8849 \text{Ln} Y - 557.979 \text{Ln} C + 92.98242 \text{Ln} S$$
$$(-3.28) \quad (12.45) \quad (-9.82) \quad (8.58)$$
$$R^2 = 0.52$$

该回归结果表明，农户的水稻种植规模对净收益具有显著的正向影响。这意味着我国目前的水稻种植规模尚处于收益报酬递增阶段。

为了观察土地流转率对粮食产量的影响，我们利用全国成本收益调查中的宏观数据和各年的土地流转率，构建了一个因变量为粮食产量（Y），自变量为劳动力（L）、流动资本（C_1）、固定资本（C_2）和土地流转率（R）的回归方程。模型估计结果为（括号内的数字为各变量的 t 检验值）：

$$Y = 370.4969 - 6.655 L - 1.16791 C_1 + 58.85492 C_2 + 231.3544 R$$
$$(12.64) \quad (-8.20) \quad (-0.96) \quad (1.08) \quad (4.40)$$
$$R^2 = 0.935$$

从该回归方程可以看出，劳动力和流动资本的 t 检验值较低，但并不显著为零。土地流转率对粮食产量具有正向影响，这意味着推进土地流转是有利于保障粮食安全的。

农户经营规模和土地流转，是培育现代农业无法回避的问题。这个过程是以离农的农户获得了更好的生计方式为前提的。这些离农的农户肯定会有一小部分遭遇各种可预测和不可预测的风险。对于这部分农户，应通过构建城乡统一的社会保障体系来解决他们的暂时困难，而不宜让他们依靠土地化解风险。

2. 将替代农户规避风险的政策转为激励农户追求效益的政策

改革开放初期推行的家庭联产承包责任制，是通过赋权激励农民提高生产效率；现在采用的粮食最低收购价和临时收储等措施，是通过化解市场风险确保农民收入不下降。这些政策既有稳定农业生产和保障农民利益等正面影响，又有扭曲价格和增加库存等负面影响。这些政策从短期看是有效的，从长期看会因为累积的财政负担逐步增大而变得越来越难以为继。

在化解农业自然风险和市场风险方面，政府的责任是构建具有公共品性质的农业基础设施体系，具体包括农业技术研发和推广体系，农业气象信息和农产品市场信息收集整理、分析发布体系以及道路、水利等农业基础设施体系，使广大农户能及时得到所需的技术、信息和基础设施。农户的责任是优化资源配置，将其所在区域的资源比较优势和市场竞争优势充分发挥出来。只有形成了政府做好应由政府做的事情不承担农户职责，农户做好应由农户做的事情不承担政府职责的局面，才能把有作为的政府、有效率的市场和有追求的农户的作用都充分发挥出来。

3. 将"黄箱"政策转为"绿箱"政策

这些年来，一方面农户数量随着城镇化、工业化的推进逐渐减少，另一方面农业微观经营规模随着农地流转而逐渐增大。农业微观经营规模越大，就越适宜种植土地密集型农作物。在这种内生的农作物选择机制的作用下，粮食生产的下滑是有限的和短期的。所以真正要担心的不是农民不种粮，而是适度经营规模的核心农户成长不起来。

现行的农业生产补贴对内会降低资源配置效率，对外会受到WTO规则的约束。在防止农产品价格信号扭曲和规避 WTO 规则的限制方面，各国的基本做法是将农业支持与农业生产脱钩，将属于"黄箱"政策的农业补贴转为属于"绿箱"政策的农业支持。我国也要进行这一政策转换，把扶持农业生产的补贴转换为支持农业发展的补贴。

4. 将实物形态的产权政策转为价值形态的产权政策

在推行家庭联产承包责任制初期，所有农户都经营自己承包的土地。此时的土地承包权必须同实物形态的特定地块相对应。现在，越来越多的农户不再经营自己的承包地，对土地的关注也由生产功能转为财产功能，基本具备了将实物形态的土地承包权改为价值形态的土地股权的条件。随着越来越多的农户不再经营自己承包的土地，留在农业的农户客观上具备了扩大经营规模的条件。经营规模的扩大必然会涉及土地整理，将实物形态的土地产权改为价值形态的土地股权，有利于促进土地整理，有利于提高农业生产效率，有利于提高我国农业的国际竞争力。

5. 将方针政策转为法律法规

2004 年以来，中共中央连续下发的 12 个"一号文件"形成了完整的强农惠农富农政策体系。它们对农业增产、农民增收、农村稳定起了重大作用，下一步的工作是把成熟的政策措施法律化。要按照农民的诉求和实现治理体系和治理能力现代化的要求，将"三农"政策体系提升为法律法规，使其能更好地保护农村集体产权和农民财产权，保障农村各类生产经营主体公平参与市场竞争，保障市场在资源配置中发挥决定性作用。同时，把农村法治建设和乡规民约建设结合起来，提升农村的治理水平。

6. 小结

农业发展政策的基点要由短期目标转向长期目标，以培育现代农业为抓手，促进我国农业的转型升级，扭转农业竞争力下降的态势。随着中国经济的发展，养殖业在农业中的地位会变得越来越重要。为了顺应这种要求，一是要构建口粮生产、饲料生产和饲草生产三位一体的种植结构。二是要构建畜禽生产、肥料生产、饲料生产、屠宰加工和污染治理五位一体的养殖产业体系。三是引导农业企业和组织农户"走出去"，充分利用两种资源两个市场的机会，让国内的水土资源和环境休养生息。

深化农业供给侧结构性改革的关键是形成加快改造传统农业的共识，做好总体规划，并设计出平稳过渡的改革方案。

参考文献

刘世锦：《如何适应经济增长"新常态"》，《财经》2014 年第 25 期。

陈锡文：《加快构建新型农业经营体系刻不容缓》，《农村经营管理》2013 年第 12 期。

叶兴庆：《农村集体产权权利分割问题研究》，中国金融出版社，2016。

张晓山：《创新农业基本经营制度　发展现代农业》，《经济纵横》2007 年第 1 期。

封志明、刘宝勤、杨艳昭：《中国耕地资源数量变化的趋势分析与数据重建：1949～2003》，《自然资源学报》2005 年第 1 期。

Li Zhou, Zhang Haipeng, "Productivity Growth in China's Agriculture During 1985 – 2010", *Journal of Integrative Agriculture*, 2013, 12 (10)。

许庆、尹荣梁、章辉：《规模经济、规模报酬与农业适度规模经营——基于我国粮食生产的实证研究》，《经济研究》2011 年第 3 期。

杨天荣、陆迁：《基于我国粮食区域专业化生产的效率分析》，《西南农业大学学报》（社会科学版）2009 年第 6 期。

后　记

　　《农业供给侧结构性改革研究》是"中国金融40人论坛"的委托课题。我接到委托任务后迅即设计了研究框架，我的同事孙若梅、张海鹏和我的学生刘子飞、赵海兰、赵学娇同我一起，按照设计的框架对相关问题进行探索并撰写研究报告。大家相互学习、共同切磋，都较好地完成了指定任务。课题报告通过"中国金融40人论坛"组织的专家评审后，我对研究报告做了再次修改，并增补了"农业供给侧结构性改革与发展现代农业研究"一章。书稿最后由六章组成。

　　第一章介绍实证经济学研究进展。它的核心是解决短缺、过剩和滞胀三个问题。应对短缺的策略是发挥人的自利性，分工、利用比较优势和形成竞争优势。应对有效需求不足的策略是增加公共支出，刺激消费需求和投资需求；调节收入分配，提高消费倾向，增加消费；建立社会保障体系，降低货币流动性偏好，促进消费。应对滞胀的策略是稳定货币供应量，减少政府干预，减轻税赋、缩减福利开支，将福利支出与技术教育、劳动力再培训相结合；政府、企业和工会三方协商工资增长界限；开发新能源和推进绿色革命，制止石油和农产品价格上涨引发的通货膨胀。发达国家的这三个问题是在数百年里先后出现的，中国目前同时存在这三个问题，应对策略是提高供给效率、扩大有效需求和消除滞胀风险。

第二章梳理农业发展政策变迁，核心内容如下。政策目标与时俱进，从最初消除农产品供不应求到减少农产品供需波动，再到提高生产者收入。政策工具不断创新，从作物保险计划、人力资本投资到保障环境安全。提高政策目标与政策工具的融合性。坚持政策改革的市场化取向，即政府补贴与市场价格脱钩。

第三章论述我国改革开放以来农业供给侧的变化，核心内容如下。宏观环境出现短缺经济向剩余经济转型、计划经济向市场经济转型、封闭经济向开放经济转型；农业生产出现雨养农业向灌溉农业转型，种植业主导向养殖业主导转型，分散养殖向规模养殖转型，捕捞渔业向养殖渔业转型；粮食生产出现空间集中度提高和平均规模扩大趋势。主要问题是主要农产品的国际竞争力下降，替代要素的成本份额下降而被替代要素的成本份额上升，农业就业严重不足和农用化学品投入过量。

第四章探讨我国农业供给侧结构性改革。主要结论是为了使农产品具有国际竞争力、农业就业具有市场竞争力和农业资源与环境具有可持续性，必须以培育现代农业为抓手，促进农业转型升级。为确保养殖业健康发展，要构建口粮、饲料和饲草三位一体的种植结构以及畜禽生产、肥料生产、饲料生产、屠宰加工和污染治理五位一体的产业体系。农业具有显著的外部性，必须妥善处理经济、生态和环境的关系，而不宜片面强调经济利益、近期利益和局部利益，协调这些关系需要生态补偿政策与其配套。引导农业企业和农户走出去，要充分利用两种资源两个市场的作用，让我国水土资源和生态系统休养生息。职业农户收入要达到外出务工农户收入平均水平，经营规模必须超过30亩且做满500个工作日；若收入达到城镇居民平均水平，经营规模要超过 50 亩；若收入高于城镇居民 20%，经营规模要超过 70 亩。这三个适度经营规模，可分别作为 2030 年、2040 年和 2050 年的土地流转目标。

第五章分析农业供给侧结构性改革与发展现代农业的关系。主要结论是现代农业强调发展生产力、完善经济基础和加强农业硬体建设，农业供给侧结构性改革强调改进生产关系、完善上层建筑和加强农业软体建设。作为一个拥有 13 多亿人的人口大国，中国必须打造一个微观经营组织具有自生能力、就业具有产业竞争力、产品具有国际竞争力的现代农业。促进现代农业发展的产业举措是优化产业体系、发展适度规模经营、细化粮食产品结构、拓展农业多功能和提高农业永续水平。改革举措是继续向农民赋权、加强人力资本投资和促进职业农民合作。管理举措是实行最严格的耕地保护制度和农业用水总量控制制度，守住水土资源红线；确定和实施农地耕作强度和农用化学品投放标准，守住生态红线。现代农业要用总要素生产率的贡献率来衡量，使我国不同阶段的农业发展水平具有可比性，同其他国家农业发展水平具有可比性，同其他产业发展水平具有可比性。世界各国发展现代农业的共性策略是通过完善基础设施体系提高农业应对气候变化的能力；通过休耕和农作物保障计划稳定农业生产；通过健全法制维护市场秩序和保证公平交易；通过制定农业法案为制定农业科研、教育、推广的行动纲领和编制相应财政预算提供制度保障；通过土地集中政策促进农场规模化经营；通过专业化政策促进农业分工；通过农业技术研发推广政策为农业现代化提供支持；通过农业风险防范机制降低农民投资风险；通过制定化肥农药施用标准保障食物质量和环境安全；通过工具革命实现机械动力对畜力、人力的替代，通过要素革命实现无机物对有机物的替代，通过技术革命实现无形要素对有形要素的替代实现农业资源深度开发、农业生态系统保护和农业可持续发展的机统一。

第六章研究农业政策。主要结论是现有农业政策过于强调超小规模农业对于维护社会稳定的重要性，过于强调农产品附加价值最大化，过于强调农产品数量目标，过于重视短期目标。深化改革的任务是：将保障超小规模农业稳定性的政策调整为追求适度规模经营的政策，将帮助农户规避风险的政策调整为激励农户追求效益的政策，将黄箱政策调整为绿箱政策，将实物形态的产权政策调整为价值形态的产权政策，将农业方针政策转为农业法律法规。

在《农业供给侧结构性改革研究》出版之际，我要向为本书出版做出贡献的机构和人士表示感谢。首先，感谢"中国金融40人论坛"的信任和研究资助。其次，感谢张晓山、蔡昉两位学部委员对本书的推荐，感谢农村发展研究所学术委员会和中国社会科学院创新工程办公室对本书的认同，使本书有机会获得中国社会科学院创新工程的出版资助。再次，感谢责任编辑王婧怡和刘鹿涛同志，他们为本书的出版付出了大量精力，为本书的完善提出了很多修改意见。

虽然我们做了努力，但书中一定还有许多不尽如人意的地方，敬请大家不吝指正。

李周

2018 年 10 月 8 日

图书在版编目（CIP）数据

农业供给侧结构性改革研究／李周，张海鹏，孙若
梅著 . -- 北京：社会科学文献出版社，2018.11
　ISBN 978 - 7 - 5201 - 3457 - 6

　Ⅰ.①农… 　Ⅱ.①李… ②张… ③孙… 　Ⅲ.①农业改
革 - 研究 - 中国 　Ⅳ.①F320.2

　　中国版本图书馆 CIP 数据核字（2018）第 210112 号

农业供给侧结构性改革研究

著　　者／李　周　张海鹏　孙若梅

出 版 人／谢寿光
项目统筹／恽　薇　王婧怡
责任编辑／王婧怡　刘鹿涛

出　　版／社会科学文献出版社·经济与管理分社（010）59367226
　　　　　地址：北京市北三环中路甲 29 号院华龙大厦　邮编：100029
　　　　　网址：www. ssap. com. cn
发　　行／市场营销中心（010）59367081　59367018
印　　装／三河市尚艺印装有限公司

规　　格／开本：787mm × 1092mm　1/16
　　　　　印　张：11　字　数：132 千字
版　　次／2018 年 11 月第 1 版　2018 年 11 月第 1 次印刷
书　　号／ISBN 978 - 7 - 5201 - 3457 - 6
定　　价／79.00 元

本书如有印装质量问题，请与读者服务中心（010 - 59367028）联系